LES MÉTIERS DE LA MODE

Hélène BIENAIMÉ
Pascal BONNEMAYRE
Anne-Gaëlle DELABARRE
Sabine FOSSEUX
Marie-Lorène GINIÈS
Emmanuelle PONTHUS

GROUPE
Studyrama

Le groupe Studyrama, partenaire de votre avenir.

En tant qu'acteur référent du monde de l'orientation et de l'aide à la réussite aux examens et aux concours, **notre vocation est de vous accompagner et de vous conseiller** tout au long de votre parcours étudiant et professionnel. Convaincus que **la formation est la clé de votre employabilité**, nous avons créé un écosystème pertinent pour vous aider dans les décisions déterminantes pour votre avenir :

- Chaque année, **nos 140 salons** permettent à plus de 500 000 jeunes de trouver la formation et l'établissement qui les mèneront vers la réussite.
- 4,5 millions de lycéens, étudiants et professionnels trouvent chaque mois, **sur nos sites web et applis**, les réponses à leurs questions grâce à des contenus d'experts sur l'orientation, la formation, les révisions, l'évolution de carrière, l'efficacité professionnelle...
- Nos ouvrages, rédigés par les meilleurs spécialistes, facilitent le choix d'orientation de nos lecteurs et apportent un soutien efficace dans la préparation des concours et des examens.
- Le service d'accompagnement sur-mesure de **notre réseau de conseillers d'orientation tonavenir.net** guide des milliers de jeunes afin qu'ils trouvent la voie du succès.

Notre démarche est fondée sur trois objectifs majeurs : fournir une information de qualité et actualisée, créer les rencontres décisives pour votre évolution et vous offrir les meilleurs conseils d'experts et services personnalisés.
Et comme **c'est ensemble que nous avançons**, nous sommes à votre écoute permanente pour optimiser nos produits et nos offres, afin d'être le partenaire de votre avenir à chaque étape de votre vie !

Pour découvrir l'univers de Studyrama :

Le site référent de l'orientation : studyrama.com
L'agenda de nos 140 salons : studyrama.com/salons
Nos conseillers d'orientation dans toute la France : tonavenir.net
Nos maisons d'édition : librairie.studyrama.com

Pour nous contacter : info@studyrama.com

SOMMAIRE

PARTIE III

PARTIE IV
TRAVAILLER DANS LE MILIEU DE LA MODE *125*

PARTIE V

INTRODUCTION

La mode fait rêver. Que ce soit dans la presse écrite, à la télévision, à la radio ou dans la rue, elle s'impose à notre regard et influence bien souvent notre comportement et nos habitudes de consommation. Pour beaucoup la mode n'est qu'une question de marques, pour d'autres elle est synonyme de luxe, mais qu'elle se trouve dans les ateliers, sur les podiums ou en boutique, elle est avant tout un concept. Qu'est-ce qu'être à la mode ? Qu'est-ce qui fait qu'une génération se reconnaît dans les vêtements de tel styliste plutôt que dans ceux de tel autre ? Comment expliquer qu'en fonction de son activité professionnelle ou du milieu dans lequel on évolue, il est de bon ton de porter un type de vêtement et non un autre ? Comme l'explique le styliste Marcel Marongiu, « *la mode est plus qu'un vêtement, c'est une raison sociale. Elle permet de prétendre et donc de mentir. Le vêtement peut trahir une émotion, dégager une certaine sensualité. Dans notre société où prédomine la communication, le vêtement peut changer le regard des autres et le manipuler…* » Nous vivons en effet dans un monde d'apparences dans lequel la mode nous aide à imposer une image. Tout est question de codes et de règles auxquels nous nous soumettons souvent de bonne grâce. La mode est futile et changeante, indispensable et précieuse, riche et multiple, complexe et fascinante. Il n'est donc pas surprenant que vous soyez si nombreux à vouloir faire partie de ce monde qui est en constante évolution et donc toujours à la recherche de nouveaux talents.

Il serait faux et réducteur de croire que seuls quelques chanceux peuvent espérer travailler dans l'habillement. Il existe un grand nombre de secteurs au sein de cette industrie, et davantage encore de métiers. Certes la mode existe aux yeux du grand public grâce aux vêtements ou aux accessoires que l'on voit dans les vitrines des magasins ou sur les pages des magazines. Toutefois, de la matière première au produit fini, un nombre impressionnant d'étapes fait intervenir une variété tout aussi impressionnante de professionnels qualifiés et compétents.

Ce guide est destiné à ceux d'entre vous qui croient à tort que la mode est un monde fermé dans lequel ne peut pénétrer qu'une minorité d'élus. Il existe aujourd'hui de nombreux moyens d'accéder à des professions qui demandent habileté et créativité ainsi que rigueur et motivation. Ce guide ne prétend pas vous apporter deux des facteurs principaux pour la réussite : la chance et quelques contacts. Tout juste avons-nous la prétention de vous aider à susciter la première et à nouer les seconds.

Dans notre première partie, nous vous présentons l'histoire de la mode en France, à commencer par la haute couture. Au travers du portrait de quelques grands couturiers et des historiques de quelques-unes des maisons les plus prestigieuses, nous vous brossons le portrait de cette branche de l'industrie du luxe à laquelle le commerce extérieur de la France doit beaucoup. Il sera également fait état du prêt-à-porter qui, depuis plus d'un demi-siècle, voit des marques toujours plus nombreuses se disputer les parts de marché d'un secteur somme toute fragile.

La deuxième partie est consacrée aux nombreux métiers qui concernent la mode. Les métiers du cuir et du textile, avec des emplois techniques, de productique ou des emplois plus artistiques ; le domaine de la création où il est utile de pouvoir associer son talent à une parfaite maîtrise des besoins du marché ; le secteur de la fabrication qui comprend des métiers souvent méconnus et pourtant indispensables au maintien d'un savoir-faire « à la française ». Puisqu'un vêtement, une fois conçu et assemblé ne saurait se vendre sans être présenté et critiqué par des journalistes de mode, porté par des mannequins et commandé par les acheteurs des boutiques, ce chapitre présente aussi les emplois connexes au secteur de la mode.

Peu de chances de réussir dans ce domaine et de décrocher un travail digne d'intérêt sans une solide formation. Le talent, hélas, ne suffit pas toujours et il ne vous sera d'aucune utilité sans l'acquisition des savoir-faire de base. Du certificat d'aptitude professionnel (CAP) au brevet de technicien supérieur (BTS), en passant par le baccalauréat professionnel, nous vous dressons un récapitulatif des formations les plus courantes et les plus utiles. Écoles privées ou publiques, accessibles après la troisième ou après le bac avec ou sans concours

d'entrée..., la troisième partie vous donne de nombreuses pistes à suivre, des contacts à prendre et quelques pièges à éviter.
Votre objectif, pour ne pas dire votre rêve, est de travailler dans le milieu de la mode. Aidé de votre talent, d'une bonne dose de courage, de patience et surtout d'opiniâtreté, vous pourrez trouver dans ce guide les conseils utiles et les adresses incontournables. Stages, bourses, candidatures spontanées ou bien encore intérim, la quatrième partie sera votre alliée pour décrocher votre premier emploi. Afin de retrouver facilement les coordonnées des nombreux établissements scolaires ou professionnels cités dans ce guide et les nombreuses organisations professionnelles, le carnet d'adresses vous aidera à orienter vos recherches.

Ce guide vous présente également de nombreuses informations chiffrées concernant les industries de la haute couture et du prêt-à-porter, les historiques de quelques maisons prestigieuses, mais surtout de très nombreux témoignages. Qu'il s'agisse d'étudiants en cours de formation, tout juste sortis des écoles de mode, ou de professionnels de la mode, ils viennent vous parler de leur parcours, des embûches rencontrées, des pièges dans lesquels ils sont tombés, mais surtout de leur grand plaisir d'exercer leur passion et de pouvoir en vivre. Certaines personnalités (stylistes, modélistes, responsables de grandes écoles) nous ont également confié leur vision de cet univers passionnant. Lors de la lecture de ce guide, que nous avons voulu aussi utile qu'instructif, vous découvrirez les nombreux professionnels qui œuvrent dans l'ombre des grands noms ou des marques prestigieuses : stylistes, commerciaux, journalistes de mode, responsables des tissus et des broderies, photographes, mannequins, etc.

Nous espérons que ce guide vous aidera à mettre un premier pied dans ce monde de la mode, moins magique qu'il n'y paraît, mais plus accessible qu'on ne le croit.

PARTIE I

LE MONDE DE LA MODE

1 – LA MODE EN FRANCE

L'HISTOIRE D'UN SECTEUR QUI A CONNU DES HAUTS ET DES BAS

C'est au XIXe siècle qu'apparaissent les industries de l'habillement. Grâce à la révolution industrielle, les modes de production changent et tendent vers une meilleure organisation et une plus grande rentabilité. L'une des grandes étapes de cette évolution correspond à l'invention de la première machine à coudre en 1830, que l'on doit au Français Barthélemy Thimonnier (1793-1857). Par la suite, le travail à la chaîne va permettre aux industriels du textile de produire de plus en plus vers une production de masse.
À cette époque, l'industrie française n'est pas encore menacée par la concurrence internationale. Toutefois, les marchés connaissent une importante expansion. La production de masse s'accompagne d'un meilleur accès des consommateurs aux produits de série. C'est également dans la deuxième partie du XIXe siècle que naissent en Europe les premiers grands magasins comme le Printemps en France ou Selfridge's et Harrod's en Grande-Bretagne.

À l'issue de la crise de 1929 apparaissent les prémices de ce qui sera, dans les années 1950, le prêt-à-porter. En effet, contraintes de réduire leurs coûts de production, les maisons de haute couture doivent commercialiser leurs patrons.

Après la Seconde Guerre mondiale, l'industrie de l'habillement semble divisée en deux familles distinctes, la couture et la confection, cette dernière étant principalement composée de petites et moyennes entreprises employant pour la plupart des travailleuses indépendantes. La couture jouit d'un indéniable prestige et d'un quasi-monopole. Pour survivre et pour mieux rivaliser, l'industrie de la confection décide de se restructurer. La première modification, plus significative qu'il n'y paraît, consiste en un changement d'appellation. De confection pour dame, elle devient l'industrie du vêtement féminin. La mode est alors exclusivement associée à la femme.
Le président de cette nouvelle industrie découvre, lors de voyages aux États-Unis, le fonctionnement du marché de l'habillement américain.

La mode, dans ce pays, était déjà à cette époque indissociable de techniques modernes comme le marketing et la publicité. Alors que le prestige de la mode et le succès de l'habillement français reposent en grande partie sur la renommée de la haute couture, les consommatrices américaines sont deux fois plus nombreuses que les Françaises à s'habiller en confection (95 % contre 40 %).
La presse va alors soutenir le prêt-à-porter, sentant que ce dernier peut donner un nouvel élan à une industrie de la mode affaiblie par les décennies du monopole de la haute couture. Plus qu'une nouvelle industrie, le prêt-à-porter est vu comme un nouveau concept, capable de mettre la mode à portée de toutes les bourses. Le plus grand bouleversement économique survient dans les années 1970, lorsque de nouveaux pays arrivent sur ce marché. À l'échelle internationale, aussi bien que nationale, les entreprises doivent tenir compte de cette nouvelle donne. Elles sont désormais contraintes d'être plus compétitives. Pour cela, il leur faut non seulement revoir leur organisation mais aussi repenser l'aspect marketing, en envisageant les marchés comme autant de nouveaux territoires à conquérir. L'industrie se fait plus agressive et affecte les différents secteurs de l'habillement, qu'il s'agisse de la conception, de la fabrication ou de la commercialisation.

En 1973, le choc pétrolier amorce une diminution des marchés de l'emploi et une baisse de l'activité industrielle. Les maisons de haute couture françaises ont de plus en plus de mal à rester rentables et perdent de plus en plus de terrain au profit du prêt-à-porter français ou étranger. Les pays en voie de développement gagnent des parts de marchés. Ce déclin des industries de l'habillement se poursuit durant les années 1980. Bien que la consommation d'articles vestimentaires double entre 1980 et 1994, durant cette même période la production en France recule de 14 %. La plupart des pays européens continuent de subir des importations plus importantes que leurs exportations.

Aujourd'hui, les industries de l'habillement doivent évoluer en fonction des nouveaux marchés. La mode n'est plus exclusivement une histoire de femmes. Le secteur a créé des marchés spécifiques aux hommes, aux enfants. Même les maisons de haute couture, traditionnellement portées sur la mode exclusivement féminine, créent des collections pour les hommes (Jean Paul Gaultier et Armani entre autres) et pour les enfants, comme Sonia Rykiel.

Mais le changement ne se fait pas seulement en matière de cible. L'industrie textile est aujourd'hui internationale pour ce qui est de la main-d'œuvre. La concurrence asiatique a fait perdre des emplois à la France, mais a surtout permis de délocaliser et donc d'optimiser les coûts et de rendre certains produits beaucoup plus abordables aux consommateurs.

LES MUTATIONS ÉCONOMIQUES

La consommation en matière d'habillement stagne depuis quelques années. Nos importations connaissent une part grandissante alors que la clientèle de la haute couture, principalement étrangère, ne cesse de se réduire. Cette baisse s'explique entre autres par la part prise par les écoles de créateurs belges et britanniques aux dépens des Français, mais surtout par les crises économiques que connaissent certains pays (comme ce fut le cas en Asie). La part du textile et de l'habillement dans le budget des ménages est en baisse constante depuis plus de 20 ans. Avec l'arrivée sur notre marché de marques de plus en plus nombreuses qui proposent à leur clientèle très morcelée et de moins en moins fidélisée des produits parfois trop diversifiés, le consommateur reste perplexe. En matière de mode, l'achat est plus souvent guidé par l'envie que par le besoin. L'entrée de nos sociétés dans l'ère de la consommation a aussi influencé sur les dépenses des ménages. Aujourd'hui, le budget que les Français allouent à l'habillement représente à peine 3,8 % du budget annuel total des ménages (celui des loisirs est de 9,8 % en moyenne), soit moins du tiers du budget alloué dans les années 1960.

Durant les années 1980, la mode a connu une importante mutation. Le circuit de la distribution s'est resserré autour de quelques succursalistes et centrales d'achats qui emploient une partie non négligeable des professionnels de cette filière. De plus en plus de marques de prêt-à-porter, de milieu ou de haut de gamme, souffrent de la désaffection du grand public en faveur de nouvelles boutiques, venues de l'étranger, qui ont contribué à modifier nos habitudes d'achat. Le suédois H&M, l'irlandais Primark ou l'espagnol Zara proposent des produits dont le design, voire la présentation, modifie le rapport que les Français entretenaient avec l'habillement. Ces enseignes ont compris la nécessité de s'adresser à une clientèle

unique en lui proposant un produit adapté (tendance jeune et branchée pour H&M et Primark, tendance chic façon prêt-à-porter pour Zara). Inspirées (et non plagiées) des tendances de la haute couture, leurs collections sont sans fin mais limitées. Les modèles sont présents en boutiques quelques jours seulement après leur création et le nombre de pièces est défini. Aucune possibilité de réassort, comme dit le jargon. Mais toutes les semaines de nouveaux modèles arrivent dans les rayons. Ce mode de fonctionnement crée un effet de pièce unique, jusque-là propre à la haute couture.
Les consommateurs, de plus en plus regardants sur le prix, trouvent leur bonheur dans ces enseignes. Elles semblent avoir su jouer avec succès la carte du meilleur rapport qualité prix image.

LES TISSUS DE DEMAIN

Depuis plus de 50 ans, le renouveau de la mode doit beaucoup au travail des ingénieurs chimistes du monde entier. Ce sont eux qui travaillent sur les nouvelles matières, les nouvelles fibres. On notera d'ailleurs l'avènement des matières synthétiques comme le nylon, textile synthétique à base de polyamide, rendu célèbre en France par les bas que les GI américains apportèrent durant la Seconde Guerre mondiale. Le souci premier des chercheurs était tout d'abord de mettre au point des tissus plus solides, puis la femme put, au fil du temps, profiter de nouvelles matières premières, plus faciles d'entretien et moins fragiles mais également dotées de nouvelles caractéristiques.
En ce qui concerne la laine, en dehors des drapiers traditionnels qui continuent à l'utiliser pure, les tisseurs ont nettement opté pour le lin seul ou mélangé (avec de la viscose, de la soie, du coton). Ce bilan démontre également que les synthétiques purs se font plus rares et sont davantage associés par les professionnels de l'habillement à d'autres matières (coton, lin, laine, soie, etc.).
Désormais, les tissus sont antibactériens, réfléchissants, traités Scotchgard™ ou téflon pour lutter contre les tâches, etc. Selon un bilan effectué à l'issue du salon Première Vision, les matières connaissent des modifications dans la manière dont elles sont utilisées. On voit que le coton pur est plus travaillé par les lainiers et les soyeux que par les cotonniers qui lui préfèrent des mélanges

(coton-polyamide, coton-polyester, etc.). Les fabricants de vêtements de sport sont dans ce secteur les plus innovants. Il suffit de regarder les étiquettes de ces vêtements pour découvrir des noms barbares qui sont synonymes d'innovation. Par exemple, le Coolmax® sèche plus rapidement que n'importe quel autre tissu et agit alors sur la thermorégulation du corps. Il permet ainsi de se sentir toujours au sec même en transpirant.

Des matières premières au vêtement

Tout commence par des matières premières d'origine naturelle ou synthétique. Les fibres ou filaments sont d'abord transformés. Il s'agit de la filature : on fabrique des fils pour la production de non-tissés. Ces fils sont ensuite transformés en étoffes. Le tissage correspond à l'entrecroisement de deux fils. Le tricotage est l'entrebouclage d'un système de fils. On apporte ensuite aux textiles leur aspect final et leurs propriétés d'usage par diverses opérations mécaniques ou chimiques : c'est ce que l'on nomme l'ennoblissement. Les étoffes sont ensuite transformées en articles prêts à être consommés, c'est l'ultime étape, celle de la confection.

LES PROTOTYPES D'ORANGE LABS

Au début des années 2000, Orange Labs s'est penché sur les vêtements connectés. Leur premier prototype réalisé était un blouson intégrant toutes les fonctions d'un téléphone mobile. D'autres prototypes de vêtements communicants ont ensuite été conçus de façon à accueillir des écrans couleur souples, sur lesquels s'affichaient des messages, dessins, signes, images ou textes animés, adaptés à une situation donnée. Ces écrans ont ouvert la voie à un nouveau mode d'expression. L'affichage de visuels animés sur soi a élargi le champ de la communication personnelle en permettant d'échanger instantanément et de manière originale des émotions, des envies, ou encore de revendiquer certaines idées.

LE PRIX INTERNATIONAL DE L'INNOVATION TEXTILE

Créé en 2009 à Fourmies, dans le nord de la France, par Dominique et Christian Cambier, fondateurs de la Fondation Théophile-Legrand, le prix international Théophile-Legrand de l'innovation textile est placé sous l'égide de la Fondation de France depuis 2016 et sous le patronage de l'Union des industries textiles.
Ce prix international est ouvert aux chercheurs issus d'un laboratoire d'une école d'ingénieurs textiles ou d'une université. Les projets présentés ne doivent pas encore être commercialisés et les inventeurs doivent faire preuve de créativité et d'originalité dans la conception de leur projet. En outre, il est impératif que l'innovation soit fonctionnelle et facilement reproductible.
En 2019, deux prix d'un montant de 8 000 euros et de 7 000 euros ont été remis aux deux projets les plus innovants, originaux, utiles et transférables au processus industriel.
Pour en savoir plus, rendez-vous sur le site : www.theophilelegrand.w1w.fr

2 – LA HAUTE COUTURE, UN SECTEUR FRAGILE

L'INDUSTRIE DU LUXE

L'industrie du luxe est l'un des atouts majeurs de la France en matière de commerce extérieur. La définition donnée par les dictionnaires d'un produit de luxe est la suivante : *« un bien ou un plaisir superflu et coûteux ».* Il s'agit en effet de produits de haute qualité à faible diffusion. À la différence d'autres biens de consommation, le rapport entre le coût de production et le prix de vente est ici faussé. Un produit de luxe dépend en grande partie de la création et de la recherche nécessaires à sa conception, mais également de toutes les dépenses faites en aval comme celles des campagnes publicitaires de plus en plus fastueuses. Leur fabrication nécessite souvent l'emploi de matières onéreuses (métaux précieux, étoffes rares) et des finitions impeccables, souvent manuelles, sur lesquelles repose le prestige de grands noms.

Le renom de la France à l'échelle internationale doit beaucoup au rayonnement de ses grandes marques de couture : Dior, Chanel, Saint-Laurent, etc. Durant les années 1970, afin de lutter contre la concurrence du prêt-à-porter, de nombreux couturiers créent leur propre ligne. Courrèges lance « Couture Future », Yves Saint-Laurent crée « Rive Gauche », pour Dior ce sera « Miss Dior » et pour Givenchy la « Nouvelle Boutique ». Cette innovation repose davantage sur un souci de rentabilité et le désir de voir perdurer une industrie menacée que sur une véritable démarche créatrice. Sorte de symbole de la réconciliation de la couture et du PAP, Pierre Bergé réunit en 1973 les nouvelles marques au sein de la toute nouvelle Chambre syndicale du prêt-à-porter des couturiers et des créateurs de mode (devenue depuis la Fédération de la haute couture et de la mode).

Désormais, les stylistes prennent la direction artistique des maisons de couture tout en gérant leur propre marque. Le premier fut Karl Lagerfeld, en 1983, pour Chanel. Ce que l'on a nommé « la nouvelle vague des créateurs » correspond aussi à leur nouvelle valse, puisqu'il n'est pas rare de les voir être remplacés au bout de quelques années, qu'ils soient licenciés ou qu'ils partent de leur plein gré. Pour preuve John Galliano qui, après deux saisons chez Givenchy, succéda à Gianfranco Ferré chez Christian Dior avec le succès qu'on lui a connu jusqu'à son licenciement dû aux propos antisémites tenus par le créateur en 2011.

HISTORIQUE DE LA FÉDÉRATION DE LA HAUTE COUTURE ET DE LA MODE

La Fédération de la haute couture et de la mode a été constituée en 1973. Elle est issue de la Chambre syndicale de la haute couture créée en 1868. La Fédération regroupe la Chambre syndicale de la haute couture, y adhèrent les maisons bénéficiant de l'appellation haute couture (appellation juridiquement protégée dont ne peuvent se prévaloir que les entreprises figurant sur une liste établie chaque année par une commission siégeant au ministère de l'Industrie et qui fait l'objet d'une décision ministérielle) ; la Chambre syndicale du prêt-à-porter des couturiers et des créateurs de mode créée en 1973 qui regroupe les maisons de haute couture et les créateurs de mode pour leur activité de prêt-à-porter féminin ; la Chambre syndicale de la mode masculine qui regroupe les grandes marques ayant une activité de mode masculine.
La Fédération au travers des trois chambres syndicales qui la constituent compte une centaine de membres. Toutes les sociétés qui la composent sont des marques de notoriété internationale fortement exportatrices.

Source : https://fhcm.paris/fr/la-federation

L'ORGANISATION DES DÉFILÉS À PARIS

Il existe un véritable protocole, respecté par chacun depuis des décennies. Tout commence par l'établissement d'un calendrier établi à chaque saison par le service de presse de la Fédération de la haute couture et de la Mode, après concertation entre les différentes maisons présentant des collections. Les dates des défilés pour les collections printemps-été et automne-hiver, en ce qui concerne la haute couture, le prêt-à-porter et la mode masculine, jouent un rôle primordial, certains créateurs ayant des dates fétiches, ou refusant de passer après tel ou tel de leur concurrent. Ce calendrier a pour objectif d'établir un planning des défilés en évitant les chevauchements d'horaires et de permettre ainsi à la presse et aux acheteurs de couvrir l'ensemble des collections. Ces calendriers sont ensuite diffusés aux professionnels : journalistes, acheteurs, conseillers commerciaux, etc. (on compte chaque année près de 2 000 journalistes français et étrangers et 800 acheteurs pour les défilés couture et prêt-à-porter [PAP]).

LES DÉFILÉS DE HAUTE COUTURE

Ils ont lieu tous les ans en début d'année pour les collections printemps-été et dans le courant de la première quinzaine de juillet pour les collections automne-hiver.
Les principales maisons de couture qui font une fois encore courir acheteuses, journalistes ou autres chercheurs de tendances tiennent la vedette de ces défilés, secondées par d'autres créateurs intégrés au calendrier officiel, comme « membres invités » ou « correspondants » de la Chambre syndicale de la haute couture.
Les membres haute couture participant aux défilés des collections haute couture en 2020 sont : Adeline André, Bouchra Jarrar, Maison Rabih Kayrouz, Maurizio Galante, Schiaparelli, Chanel, Maison Margiela, Frank Sorbier, Christian Dior, Alexis Mabille, Stéphane Rolland, Jean Paul Gaultier, Julien Fournié, Giambattista Valli, Givenchy et Alexandre Vauthier.
Les membres invités dans le calendrier des collections haute couture du mois de janvier 2020 sont, pour leur part, au nombre de 18 : Aelis, Aganovich, Christophe Josse, Imane Ayissi, Julie de Libran, Raoul Mishra, RR331, Ronald Van Der Kemp, Iris Van Herpen, Ralph&Russo, Yuima Nakazato, Ulyana Sergeenko, Guo Pei, Antonio Grimaldi, Georges Hobeika, Xuan, Azzaro Couture et Zuhair Murad.
Les membres correspondants sont Azzedine Alaïa, Fendi Couture, Versace, Valentino, Viktor&Rolf, Elie Saab et Giorgio Armani.

La Fédération de la haute couture et de la mode a depuis longtemps cherché à localiser le plus grand nombre de défilés en un lieu unique. D'une part pour donner une certaine cohésion à ces manifestations semi-annuelles, mais également pour faciliter le travail des journalistes. En 1976 et 1977, la majorité des adhérents de la Fédération avait présenté leurs collections de prêt-à-porter dans les salles du Palais des congrès. Parmi les lieux qui suivirent, on trouve le Forum des Halles, le Palais de Chaillot et le musée d'Art moderne, la Porte Maillot et le Jardin d'acclimatation. De 1982 à 1994, la mode française présenta ses collections en deux lieux particulièrement prestigieux de la capitale : à la Cour carrée et à la Cour Napoléon du Louvre, puis au jardin des Tuileries et enfin à la Cour carrée rénovée.

Aujourd'hui, les lieux sont plus diversifiés mais Chanel reste fidèle au Grand Palais, endroit privilégié grâce notamment à la lumière incomparable de sa nef.

LES COLLECTIONS PRINTEMPS-ÉTÉ

Les défilés de prêt-à-porter printemps-été se déroulent généralement durant la dernière semaine du mois de septembre ou la première semaine d'octobre à Paris. À ce titre, pour les collections « femme » printemps-été 2021, les défilés se dérouleront du 28 septembre au 6 octobre 2020.

EXISTE-T-IL UNE MODE « IMPORTABLE » ?

De nombreux stylistes lancent (ou relancent) leur carrière grâce à ce que les journalistes de mode appellent un effet de podium. L'Anglais John Galliano a défrayé la chronique en présentant des modèles qu'il voulait inspirés des clochards parisiens. Ce styliste de prêt-à-porter était auparavant apprécié pour l'élégance intemporelle de ses modèles. *« Le vêtement est avant tout conçu pour être porté. Je ne suis pas un artiste, tout juste un artisan. Ce que je crée à une fonction, une utilité… Lorsque je trace un croquis, je ne fais que matérialiser la vision que j'ai d'une femme élégante et féminine, au raffinement sobre et discret. »*
Pour être médiatisés, de jeunes créateurs usent d'effets chocs et provocateurs. Les défilés se sont transformés en happenings et les salons de réception font place à des galeries d'art. Le vêtement ou l'accessoire ne se porte plus uniquement, il s'expose.
Depuis quelques années, ces coups d'éclat nous viennent des stylistes britanniques (Alexander McQueen, ou Hussein Chalayan qui faisait défiler des femmes voilées), belges (Olivier Theyskens qu'affectionne la chanteuse Madonna) ou néerlandais (les très farfelus Viktor&Rolf). Les Français ne sont toutefois pas en reste. Le styliste Marc Le Bihan employait pour ses collections des mannequins non professionnels qu'il faisait défiler sur de la musique techno, façon rave party. Pour Shinichiro Arakawa, styliste japonais, le vêtement est une sculpture et il invente le concept du vêtement tableau. Quant à Benoît Méléard, il conçoit des chaussures, rien que des chaussures. C'est ce qui explique qu'il ait fait défiler des mannequins nus, ne portant que ses

créations aux pieds. Ces vêtements ne sont bien entendu pas faits pour être portés, mais pour être admirés. Leur destin, puisqu'ils ne seront qu'exceptionnellement achetés, est d'être exposé dans des musées !
S'agit-il là d'une non-mode, de la mode de demain, ou du seul moyen pour la mode française de continuer à alimenter les magazines du monde entier ?

LA HAUTE COUTURE ET LA LOI

En France, le terme de haute couture est une appellation juridiquement protégée par la réglementation de 1945, actualisée en 1992. Un arrêté du ministère de l'Économie, l'Industrie et du Numérique en publie la liste chaque année. Les conditions pour être une maison de couture sont d'employer au minimum vingt personnes à la production dans ses propres ateliers, de présenter à Paris chaque saison en janvier (printemps-été) et en juillet (automne-hiver) à la presse une collection d'au moins 50 passages composés de robes (atelier flous) et de vestes (atelier tailleur), de présenter cette collection à la clientèle à l'intérieur de la maison de couture ou dans des lieux spécialement aménagés.
Les maisons nouvellement créées doivent pendant une période transitoire de deux ans employer au minimum dix personnes à la production, présenter une collection de 25 passages. Les maisons de mode existantes, mais souhaitant se lancer dans la haute couture, doivent pendant une période transitoire de deux ans employer au minimum 15 personnes à la production et présenter une collection d'au moins 35 passages.
En 2020, la France compte 15 marques bénéficiant de l'appellation « haute couture » : Maison Rabih Kayrouz, Adeline André, Chanel, Frank Sorbier, Christian Dior, Stéphane Rolland, Jean Paul Gaultier, Maison Margiela, Alexis Mabille, Giambattista Valli, Givenchy, Maurizio Galante, Alexandre Vauthier, Schiaparelli et Julien Fournié.

Renseignements : www.entreprises.gouv.fr/secteurs-professionnels/appellation-haute-couture

MODE ET ÉCONOMIE : Y A-T-IL UN RETARD FRANÇAIS ?

Longtemps la France s'est crue en position de monopole dans l'industrie du luxe et de l'habillement. Longtemps, en effet, un estampillage *made in* Paris suffisait à faire vendre. La mode française a connu des heures sombres et des décennies de gestion hasardeuse dans un secteur frappé de plein fouet par la crise et la mondialisation. Certaines maisons n'ont pas su gérer leur image, en multipliant des licences parfois douteuses. Ce fut le cas pour des marques françaises comme Carven et Cardin dont la seule chance de survie fut de vendre des licences afin de relancer leurs investissements ou rembourser leurs dettes.

Une marque doit tenir compte des désirs de sa clientèle, s'adapter aux modifications du marché. Comme nous l'explique Véronique Beaumont, ancienne directrice commerciale chez Marcel Marongiu : *« Pour bien vendre un produit, il faut connaître à fond la concurrence. Afin de pouvoir expliquer aux acheteurs en quoi notre produit correspond aux besoins des clients. »*

Une marque doit également gérer l'image qu'elle projette. L'Américain Calvin Klein en a fait les frais. Bien que ses parfums jouissent d'une honorable popularité auprès des jeunes et que sa ligne « Collection » habille des stars hollywoodiennes, Calvin Klein a eu sans doute deux torts. Le premier a été d'imprimer son nom sur l'élastique de l'un des slips les plus populaires aux États-Unis. Où se trouvent le plaisir et la fierté de dépenser plusieurs centaines de dollars pour acquérir une robe griffée du nom du même créateur que celui qui conçoit les sous-vêtements de votre mari ? L'acheteuse américaine ne s'y est pas trompée et lui a préféré d'autres marques moins « communes » (Gucci, Prada, Ralph Lauren…). Seconde erreur, celle-ci de gestion : la plupart des points de vente Calvin Klein appartiennent à des franchisés. Comment maîtriser son produit si on ne maîtrise pas également ses points de vente ? Cette erreur impardonnable, les deux géants du luxe français que sont LVMH et Hermès ne la commettent pas puisqu'ils contrôlent entièrement leur distribution. Incontestablement, il s'agit là d'une des clés de leur réussite !

Mais la France brille surtout par les produits dérivés des marques de haute couture, comme la maroquinerie ou la parfumerie. On ne peut pas parler alors de stylisme de mode mais on peut parler de création de mode. Car les accessoires font aussi partie de la mode, ils sont même parfois ce qui fait d'une tenue qu'elle soit tendance. Ces produits dérivés existent donc de manière autonome par rapport à la collection de vêtements. Au Japon, l'ouverture d'un magasin Vuitton est toujours un événement extrêmement attendu ; au point que certains clients campent devant le magasin pour être dans les premiers à pénétrer la nouvelle boutique. Cette reconnaissance montre que la mode française n'est pas seulement stylisme de haute couture. Elle est tout ce qui fait « habiller » de la chaussure au chapeau.

SOCIOÉCONOMIE DE LA MODE

Patrick Hetzel, professeur à l'université Panthéon-Assas, enseignait ainsi, il y a quelques années, la socioéconomie de la mode. « *Il s'agissait de montrer aux élèves quelles sont les implications de la mode sur le système socio-économique, aussi bien au niveau des individus que des entreprises ou encore des groupes d'acteurs.* » Les industriels de la mode sont en retard en matière de management et de marketing, même si, comme nous le confie monsieur Hetzel, « *les choses semblent évoluer avec la nouvelle génération des managers* ». Il faut toutefois se rendre à l'évidence et constater que de nombreux pays ont pris sur la France une sérieuse avance. Le marketing de la mode est spécifique. « *Il faut beaucoup étudier les tendances et coller aux réalités du marché. Il s'agit d'un marketing où l'emprise sur les consommateurs est faible. On leur propose un produit, mais au final ce sont eux qui disposent.* » Comme nous l'avoue également l'ancienne directrice commerciale de Marcel Marongiu, Véronique Beaumont, « *les Français se font croquer par les étrangers. La mode devient de plus en plus une affaire de financiers* ». Ce sont en effet d'importants Master Groups (groupes marketing) qui rachètent et gèrent les marques. « *Aujourd'hui le maître mot est communication,* nous explique Mlle Beaumont. *On n'y peut rien, la créativité semble faire place au marketing. On peut tout vendre de nos jours, y compris un produit médiocre.* » Il semble donc que la jeune génération de créatifs soit condamnée à associer ses talents à ceux de gestionnaires. Patrick Hetzel estime que pour réussir, un jeune qui désirerait se lancer dans la mode, par exemple pour ouvrir sa propre maison, ne devrait pas se satisfaire de son seul talent. « *Si YSL et Thierry Mugler sont devenus ce qu'ils sont, ils le doivent à Pierre Bergé pour l'un et à Didier Grumbach pour l'autre. Il faudra que ce jeune envisage de se faire aider par un grand groupe ayant des moyens financiers voire industriels.* »

3 – LE PRÊT-À-PORTER, UN SECTEUR EN PLEINE ÉVOLUTION

LE PRÊT-À-PORTER VU PAR MARCEL MARONGIU

Directeur artistique de la maison Guy Laroche de 2007 à 2015, Marcel Marongiu, que le top-modèle Angie Everhart nommait *« le plus canon des créateurs »* fut, dès ses débuts, le chouchou des rédactrices de mode. *« J'ai compris en feuilletant des magazines de mode, que le vêtement pouvait, au-delà de sa réalité physique, véhiculer une émotion », déclarait-il lors de notre rencontre dans* les bureaux de sa société de prêt-à-porter.
Sa mode impose l'image d'une femme sobre et élégante, féminine et sûre d'elle. Ses coupes sont relativement sages, elles ne blessent ni ne heurtent notre regard. Tout juste au détour d'une longue robe en jersey noir aperçoit-on un dos ouvert, que l'on croirait fendu au couteau, ou de longues manches, interminables. Ses vêtements ont pour vocation de rendre la femme plus belle.
Les effets de podium, Marcel Marongiu s'en méfie. *« Ils sont le reflet d'un malaise dans notre société. Il faut que le produit ait bien peu de valeur pour que l'on cherche avant tout à choquer. Tout va très vite car tout finit par lasser. »* Les rapports que la mode entretient avec la presse le laissent perplexe. *« La mode n'est pas là pour refléter la réalité de la rue. Les lectrices des magazines ne peuvent pas se reconnaître dans ce qu'elles y voient. La presse est trop dépendante de contraintes financières et publicitaires. »*

LE CŒUR DU PRÊT-À-PORTER PARISIEN : LE SENTIER

C'est principalement dans les IIe, IIIe et X^e^ arrondissements de Paris que bat le cœur historique du prêt-à-porter parisien : le Sentier. Toute la filière y est regroupée puisqu'on y trouve près de 7 000 entreprises (grossistes et fabricants). Le fait que tout y soit centralisé permet de réduire de nombreux coûts (il est possible de livrer un produit fini en une semaine à peine). De nombreuses marques particulièrement populaires créent leurs produits dans le Sentier.
Depuis février 2000, un site Internet (www.le-sentier-paris.com) tente de fédérer la majorité des entreprises travaillant dans le Sentier.

Il dispose d'un carnet d'adresses précieux, puisque vous pouvez y consulter les coordonnées des 35 727 professionnels membres. Attention toutefois, les méthodes de travail y sont particulières. La rentabilité est ici le maître mot. Pour ceux d'entre vous qui désireraient travailler dans le secteur de la couture ou du prêt-à-porter haut de gamme, il ne faut pas perdre de vue qu'aux yeux des professionnels et des recruteurs, une étiquette « Sentier » peut s'avérer lourde à gérer et handicaper vos évolutions de carrière.

L'INDUSTRIE FRANÇAISE DU TEXTILE EN CHIFFRES

- Chiffre d'affaires : 13,6 milliards d'euros.
- Emplois : 61 296 personnes, dont 41 % d'ouvriers et 21 % de cadres.
- Exportations : 9,4 milliards d'euros (UE).
- Importations : 16,9 milliards d'euros.

Source : chiffres 2018-2019, Union des industries textiles (www.textile.fr).

L'AVENIR DE L'HABILLEMENT

Durant les 20 dernières années, l'industrie de l'habillement a connu de nombreuses mutations. La France peut néanmoins toujours jouer un atout de poids : la qualité dans ses produits et ses services, mais aussi le renom dont jouissent certaines marques parisiennes à travers le monde.
Toutefois, les industriels misent sur le développement de nouveaux produits en ne négligeant pas les nouveaux marchés apparus ces dernières années. Comme nous l'avons vu, l'habillement devient de plus en plus une affaire de techniciens. Les innovations industrielles apportent une plus-value non négligeable à notre industrie. C'est d'ailleurs dans cette voie que se dirigent les professionnels, aidés en cela par les formateurs (écoles de mode, d'ingénieurs, universités).

LE VÊTEMENT DE TRAVAIL, UNE TENUE DE PLUS EN PLUS CHIC

Le vêtement professionnel semble également un créneau porteur pour les jeunes stylistes intéressés par le graphisme. Le développement des chaînes de magasins permet en effet de développer ce marché. Les blouses et autres bleus de travail disparaissent au profit du « vêtement d'image ». Vestes pour le personnel des grands magasins et magasins spécialisés, tailleurs et costumes pour les salariés des sociétés de prestige, polos et casquettes pour les jeunes étudiants : l'employé devient chic ! La tendance n'est plus à l'homme-sandwich et il incombe au créateur de mettre en valeur, avec sobriété, l'identité visuelle de l'entreprise...

LA MODE SUR INTERNET

Avec la déferlante Internet dans les foyers français, l'industrie de la mode a trouvé un média grâce auquel communiquer et faire sa promotion. De qualité et d'intérêt variables, des dizaines de milliers de sites englobent tout ce que la mode peut comprendre de futilité et de créativité. Outre des textes et de très nombreuses photographies, il est possible de visionner des vidéos, comme des interviews par exemple.

Internet permet également de se connecter sur les sites officiels des grands couturiers qui font connaître au plus grand nombre leurs parcours et leurs gammes de produits. On peut, entre autres, y voir photographiés les modèles présentés lors des derniers défilés. Certains de ces sites, souvent parfaitement narcissiques, permettent d'aborder sous un angle différent, plus humain, la carrière des grands noms de la couture et du prêt-à-porter.

Depuis une vingtaine d'années, la plupart des spécialistes de l'habillement, avec à leur tête les leaders de la vente par correspondance (VPC), se sont emparés d'Internet afin de proposer à une clientèle ciblée d'effectuer des achats en ligne. Internet permet à une marque d'atteindre un public souvent jeune, urbain, de niveau socioprofessionnel relativement élevé.

Autre intérêt d'Internet : la consultation des magazines en ligne. Tous les grands titres de la presse féminine, comme *Elle*, offrent sur le web un portail d'informations particulièrement riche et complet. Ils possèdent, pour la plupart, leurs propres moteurs de recherche qui vous aideront à cibler votre demande.

Pour ceux d'entre vous qui souhaitent profiter de la puissance d'Internet pour se faire connaître, nous ne saurions que trop vous conseiller de créer votre propre site sur lequel, outre votre CV, vous pouvez présenter votre travail. Les pages personnelles fleurissent sur le web. Elles apportent à leur créateur non seulement une plus grande visibilité, mais elles leur permettent de surcroît de démontrer leur créativité.

Les sites généralistes

- **www.pretaporter.com :** le site officiel de la Fédération française du prêt-à-porter féminin. Y sont présentés de nouveaux créateurs, des informations sur le marché, et sur l'exportation. Vous trouverez aussi des informations juridiques, des formations et des emplois.

- **https://fhcm.paris/fr :** le site officiel de la Fédération de la haute couture et de la mode. Y sont présentés les principaux couturiers et créateurs de mode.

- **http://lamodefrancaise.org :** ce site officiel des professionnels de la mode, créé par le Centre technique de l'habillement et l'Union française des industries mode et habillement, est destiné à fournir une vision d'ensemble de la mode en France et des entreprises qui la créent. Il regroupe plus de 2 500 entreprises actrices de la mode.

Les sites de quelques créateurs

- **Agnès B** (www.agnesb.com) : créatrice du fameux gilet à pressions… Agnès B est également mécène et n'hésite pas à vous présenter son univers *via* ce site…

- **Chanel** (www.chanel.com) : un site superbe. Cette griffe, sans doute l'une des plus prestigieuses au monde, est présentée à travers sept thématiques : haute couture, mode, parfums, maquillage, soin, joaillerie et horlogerie.

• **Christian Dior** (www.dior.com) : plus qu'un site, un véritable magazine *on line* tout entier consacré aux produits de cette marque. Le menu de la page d'accueil vous guide vers ses différents univers : *Women's Fashion*, *Men's Fashion*, *Kids' Fashion*, *Fragrance*, *Make-Up*, *Skincare*, *Maison*, *Gifts*, *News* & *Savoir-Faire*.

• **Jean Paul Gaultier** (www.jeanpaulgaultier.com) : un site sans cesse réactualisé qui propose les différentes traditionnelles thématiques (fragrances, maison, couture…) et une rubrique « Fashion-freak-show » où sont présentées les coulisses des défilés.

• **Christian Lacroix** (http://christian-lacroix.com) : la maison de haute couture, qui compte désormais sans son illustre créateur suite au redressement judiciaire de son entreprise, propose notamment des collections femme, homme et art de vivre.

• **Sonia Rykiel** (www.soniarykiel.com) : comme le dit elle-même cette grande dame de la mode, « *le noir est une couleur indécente, quand on le porte bien* ». Le noir est donc assez présent dans ses créations. Y sont également présentés ses défilés.

• **Yves Saint-Laurent** (www.ysl.com) : un site à l'image des créations de cette célèbre maison. On y trouve, outre une biographie du créateur, l'actualité de la griffe YSL et les dernières collections femme et homme.

LE SITE WEB D'UN PHOTOGRAPHE

En lisant le CV d'Erick Seban-Meyer, on aurait pu le croire destiné à une brillante carrière commerciale. Quelle agréable surprise de découvrir, sur le site qu'il a créé, son travail de photographe de mode. À ceux qui pourraient s'étonner d'une telle reconversion, il explique : « *J'ai suivi une formation en école de commerce, mais j'estime que c'est indispensable pour travailler comme photographe de mode. En effet, c'est sans doute le métier le moins artistique de la photographie, mais le plus intéressant au niveau artistique.* » Comment expliquer alors ce goût pour la mode ? « *Avec des oncles stylistes, j'ai baigné dès l'âge de dix ans dans le monde de la mode.* »

Erick débute par des photos backstage (mannequins photographiés après le défilé) puis il travaille pour des agences pour lesquelles il réalise les tests photos. *« C'est ce qui explique que j'ai travaillé avec de nombreux modèles dès le début de ma carrière. »*

Pour éviter certains pièges, Erick vous donne quelques conseils pleins de bon sens : en priorité, éviter les agences où l'on vous demande d'avancer les frais, privilégier le mannequinat dans une agence plutôt qu'en free-lance. *« Je conseille aux mannequins ou futurs mannequins de multiplier les tests avec les photographes spécialistes de la mode, car ce travail est complètement détaché de la photographie traditionnelle. »*

Si vous désirez en savoir plus sur le parcours d'Erick, mais également obtenir d'autres informations sur son métier et celui de mannequin, vous pouvez consulter son site : www.photographe-de-mode.com

PARTIE II

PANORAMA DES MÉTIERS

La mode, tout comme le vêtement, ne saurait exister sans la participation de nombreux professionnels. Qu'ils soient chargés de traiter la matière première, le tissu, le cuir, les perles ou les plumes, qu'ils aient une activité plus artistique et créatrice ou qu'ils interviennent au niveau de la production, de la promotion ou de la vente, les professionnels de la mode exercent de multiples talents et des savoir-faire souvent complémentaires. Les métiers de la création sont très prisés, car ils ont une reconnaissance médiatique importante, comme le métier de styliste. Pourtant, c'est dans le secteur de la fabrication et des métiers connexes que sont les débouchés et les expériences les plus fortes.

1 – LES MÉTIERS DU TEXTILE ET DU CUIR

L'industrie textile est en constante mutation. La demande accrue pour des produits de toutes sortes, des plus traditionnels aux plus innovateurs, y est pour beaucoup. Elle alimente d'ailleurs près de 150 autres industries qui utilisent le textile dans leurs activités. Les techniciens en textile en sont l'un des pivots, notamment ceux qui se sont spécialisés dans le domaine de la fabrication ou de la finition.

L'INGÉNIEUR TEXTILE

Le textile évolue constamment. Il doit désormais s'adapter aux besoins de l'industrie et aux désirs des consommateurs. Concevoir des tissus antibactériens, traités antitaches, parfumés grâce à une micro-encapsulation ou inventer des fibres qui permettent de filtrer les rayons du soleil ou, de façon plus prosaïque, travailler sur des matériaux qui résistent à des températures extrêmement élevées, tel est le travail des ingénieurs textiles.

La mode n'est pas le seul domaine dans lequel ils exercent leurs talents. Outre l'habillement et l'ameublement, les textiles ont des utilisations industrielles et médicales.

L'ingénieur textile peut être chargé de gérer la production, de contrôler la qualité et de mener des essais en laboratoire. Le technicien spécialisé en fabrication aura pour mission de planifier et de superviser les procédés de transformation des fibres filées et non tissées ainsi que la confection des tapis, des tissés et des tricots. La plupart de ces procédés sont automatisés. Il leur est également demandé de gérer une équipe et de s'occuper du contrôle de qualité.

Les ingénieurs spécialisés en finition modifient les caractéristiques des matières textiles selon les besoins de la clientèle, gèrent les ressources matérielles et humaines nécessaires à la production de qualité, planifient et supervisent tous les procédés de finition.

Pour se préparer au diplôme d'ingénieur textile (niveau bac + 5), sachez que la robotique, l'électronique et l'informatique sont présentes à toutes les étapes de la production. Il est, en outre, indispensable de maîtriser l'anglais, langue incontournable du commerce avec des pays où l'industrie textile est importante (Inde, États-Unis,

Australie, Afrique du Sud). Quatre écoles d'ingénieurs proposent actuellement une formation textile : l'Institut textile et chimique de Lyon (ITECH), l'École nationale supérieure des arts et industries textiles de Roubaix (ENSAIT), l'École nationale supérieure d'ingénieurs Sud Alsace (ENSISA) et l'École des hautes études d'ingénieur de Lille et Châteauroux (HEI).

LE CORDONNIER

Pour chacun d'entre nous il est celui qui répare nos chaussures, mais c'est avant tout celui qui fabrique des chaussures sur mesure à la main ou à la machine. À la fois commerçant, artisan et créateur, le cordonnier bottier est avant tout un créateur. Il est le créateur d'une nouvelle vie pour vos chaussures dans le cadre d'une réparation, il sait trouver ce dont elles ont besoin pour répondre à votre utilisation et il est le créateur de modèles exclusifs à la demande de ces clients.
Le métier retrouve une certaine reconnaissance dans les métiers de la mode. On a notamment déjà vu des défilés de mode consacrés seulement aux habits de nos chers petons, dans lesquels les mannequins défilaient nus de la tête à la cheville seulement.
Malgré un contexte peu favorable, les débouchés sont assurés tant les jeunes semblent délaisser cette profession. Il est possible de débuter chez un artisan (les cordonneries sont souvent de petites structures de deux ou trois salariés), ou comme employé de vente chez un réparateur minute. Après quelques années de pratique, certains postes à responsabilité sont accessibles en atelier de production industrielle de chaussures, un secteur qui offre des perspectives de carrière. Pour ouvrir son propre atelier, mieux vaut reprendre une affaire existante et récupérer la clientèle, ce qui ne dispense pas de se former en gestion et en comptabilité. Certains cordonniers évoluent vers la confection de chaussures. D'autres sont labellisés par des marques prestigieuses et deviennent correspondants locaux pour la réparation d'articles haut de gamme.

LE MAROQUINIER

Ce métier est synonyme de créations d'accessoires en peaux, cuirs et autres tissus similis. Le maroquinier crée et réalise les modèles. Dans les entreprises industrielles, il est spécialisé dans une fonction en relation avec son domaine. Il est alors soit styliste, soit coupeur, piqueur ou monteur en maroquinerie.
Le secteur de la maroquinerie est essentiellement constitué de petites structures artisanales de moins de 10 employés. Le marché est toutefois dominé par quelques poids lourds comme Delsey, Hermès ou Longchamp, qui réalisent à eux seuls 75 % du chiffre d'affaires global du secteur et emploient plus des deux tiers des salariés. Ces grandes maisons qui dépassent les 200 salariés sont en conséquence les principaux recruteurs.

Ce sont les personnes les plus qualifiées (à partir du bac) qui trouveront le plus facilement un emploi à l'issue de leur formation. Les employeurs, y compris les plus importants, sont à la recherche de techniciens expérimentés, détenteurs d'un réel savoir-faire traditionnel. Choisir une spécialité très pointue (ganterie de peau, artisanat d'art en sellerie, reliure ou maroquinerie de luxe) peut se révéler payant et permettre une bonne insertion professionnelle.
La formation débute avec un CAP maroquinerie, puis vous pouvez poursuivre par un bac pro métiers du cuir option maroquinerie. Un BTS métiers de la mode – chaussure et maroquinerie peut également être envisagé.

2 – LE DOMAINE DE LA CRÉATION

Tous les spécialistes de la mode vous le diront : la création, voire la créativité, est indispensable, mais ne saurait suffire. Comme l'explique Mme Buffeteau, enseignante dans un lycée professionnel de la région parisienne, *« ce qui fait défaut aux créatifs, ce sont les savoir-faire de base »*. En effet, il faut qu'un croquis soit réalisable et pour cela, le styliste doit connaître les tissus avec lesquels il travaille, les techniques de coupe ou de montage. Durant de nombreuses années, la France formait de purs stylistes. Doués d'une imagination débordante et d'un coup de crayon habile, ils pouvaient concevoir des modèles superbes mais techniquement inconcevables. Il faut attendre 1970 pour qu'une école de mode (ESMOD Paris) associe pour la première fois l'enseignement du stylisme à celui du modélisme.

Pour les créateurs qui décideraient de travailler en indépendants ou ceux qui débutent une carrière sans véritable structure, se pose un problème de taille : la protection de leurs créations. Il existe plusieurs façons pour un styliste de protéger ses dessins et modèles. Le plus courant est de faire un dépôt à l'Institut national de la protection industrielle (Inpi). Même si en France les créations de forme bénéficient de la protection couverte par le droit d'auteur, une deuxième protection par un dépôt à l'Inpi est recommandée. La protection des dessins et modèles s'applique, selon les textes de loi, *« à tous les objets qui se distinguent de leurs similaires par une forme, une configuration ou un effet extérieur leur conférant une physionomie propre et nouvelle »*. Il faut pour cela établir une déclaration de dépôt en joignant la ou les reproduction(s) graphique(s) ou photographique(s) des dessins ou modèles concernés (dans la limite de 100).

Les dépôts de dessins et modèles sont publiés au *Bulletin officiel de la propriété industrielle* (Bopi). Il vous en coûtera 39 euros pour la déclaration de dépôt, 23 euros par reproduction déposée en noir et blanc, et 47 euros par reproduction déposée en couleur.

Il existe également un moyen moins coûteux : l'enveloppe Soleau. Appelée ainsi d'après le nom de son inventeur, elle permet de constituer la preuve d'une création ou invention et de lui donner une date certaine. Pour une création esthétique ou ornementale, l'enveloppe Soleau vous permet de faire plus aisément valoir vos droits d'auteur. En effet, si la protection accordée par la législation sur le droit d'auteur naît à compter de la date de création, sans formalité de dépôt, il incombe à celui qui réclame cette protection d'apporter la preuve de la date à laquelle le dessin ou modèle a été créé. Disponible uniquement auprès de l'Inpi, il vous en coûtera 15 euros par enveloppe.

► **Contact :** Inpi. Accueil du public. 15, rue des Minimes, CS 50001, 92677 Courbevoie cedex. Tél. : 0820 210 211 (0,10 euro/mn). Internet : www.inpi.fr

LE STYLISTE

Qu'il travaille à son compte dans la haute couture, le prêt-à-porter ou la grande distribution, le styliste est au début de la chaîne dans l'industrie des vêtements et accessoires. Il dessine les lignes, détermine les formes, les couleurs et les matériaux appropriés tout en tenant compte de l'image de marque de son entreprise. Le styliste doit également tenir compte des contraintes commerciales et de marketing, omniprésentes. Il doit également être ouvert sur le monde, curieux, informé de toutes les évolutions techniques, sociologiques et culturelles afin que son produit soit en adéquation avec la demande des consommateurs.
La formation pour devenir styliste est le DN MADE mention mode, le diplôme de l'ENSAD spécialité design textile et matière ou design vêtement (bac + 5) et les formations en écoles de mode (souvent privées et coûteuses).

LE PARCOURS D'UNE JEUNE STYLISTE

Après une école de stylisme modélisme à Strasbourg, Vanessa s'inscrit en BTS design de mode, textile et environnement (remplacé par le DN MADE mention mode) qu'elle passe par correspondance. Depuis, cette jeune femme dynamique s'occupe de la réalisation complète de ses créations. « *Je gère la conception des dessins, des découpes et de la couture de mes modèles.* » Ce qui fait souvent défaut à tout jeune styliste qui cherche à percer : une structure financière. « *À ce jour, je n'ai pas les moyens d'engager une couturière.* » Comme de nombreux autres jeunes créateurs dans son cas, Vanessa est contrainte d'autofinancer l'ensemble de sa production.

Pour mieux se faire connaître, la jeune femme a eu l'idée de présenter ses vêtements sur un site Internet. « *Le référencement de mon site sur plusieurs moteurs de recherche me permet d'avoir régulièrement des contacts des quatre coins du monde, même si pour l'instant les commandes ne sont pas importantes.* » Sans budget publicitaire, sans showroom, sans point de vente, Vanessa se heurte à un autre mur : la difficulté de s'imposer dans ce métier sans contacts. « *Les professionnels de la mode et de la presse sont intouchables. Quant aux clients, ils sont difficiles à convaincre. Même s'ils aiment, ils veulent des valeurs sûres, des marques.* »
En dépit de ces difficultés, Vanessa peut se targuer d'avoir mené entièrement à bien de nombreux défilés. « *Pour moi, la mode, c'est faire rêver les gens. Elle permet de faire des choses folles, imprévisibles et contradictoires. La création, c'est ordonner ses idées pour en faire quelque chose de concret.* » Au contraire de nombreux jeunes stylistes qui visent l'effet de podium pour faire parler d'eux, Vanessa estime que « *les vêtements ne sont pas faits pour se faire plaisir mais pour être portés : il faut donc mettre un frein à ses ardeurs* ». Cette jeune femme sait que ses infortunes ne sont que passagères. « *Il faut y croire, même si les débuts sont difficiles, il faut faire ce qu'on aime et essayer de le faire aimer aux autres.* » Des paroles pleines de sagesse.

LE COSTUMIER

Voici un métier où il est inutile d'espérer avoir des horaires réguliers. Le costumier doit être capable de faire preuve d'une grande disponibilité dans un métier où l'on travaille souvent dans l'urgence. Il lui faut également faire preuve d'humilité puisque le costumier doit fréquemment accepter de modifier ou de retoucher un modèle au dernier moment. Outre une bonne connaissance de l'histoire du vêtement, il doit posséder une formation initiale de stylisme modélisme. Le costumier de spectacle participe, en collaboration avec le metteur en scène et le décorateur-scénographe, à la création du costume mais il est surtout en charge de sa réalisation. Il lui incombe de trouver des solutions techniques qui permettront de réaliser la vision que le créateur a du costume. Pour cela, il doit connaître les méthodes de coupe historique mais aussi les adaptations modernes, d'où la nécessité de bonnes connaissances de patronage, moulage et couture.

LA RÉALISATION D'UN VÊTEMENT HAUTE COUTURE

L'apanage de la haute couture, c'est bien sûr le style et le génie du couturier. C'est aussi la réalisation d'un vêtement sur mesure, fait main, et c'est enfin la qualité du tissu. Lanvin, par exemple, propose plus de 15 000 échantillons pour la création d'une veste. Le choix du tissu sera déterminé en fonction de la personnalité, des habitudes et du style de vie du client. Entre la coupe et le dernier coup de fer, plus de 150 opérations auront été effectuées ! Et la réalisation de la veste aura pris environ une centaine d'heures.

L'élaboration d'un défilé de haute couture débute dans la maison. Le couturier esquisse ses modèles. Un trait indique la longueur de la robe, des petites hachures, les plis plats ou un froncé au niveau de la taille. Certaines premières d'atelier (ou responsables d'atelier tailleur) arrivent parfaitement à interpréter ces croquis succincts. Souvent, le directeur artistique retranscrit l'esquisse du créateur en suivant ses indications sur la longueur, la matière choisie…

C'est à partir de ce dessin plus précis qu'est réalisée la toile. Ce tissu, une toile de coton blanc, est mis en forme sur un *stockman* (mannequin en bois) par le premier d'atelier. Le vêtement est en train de naître. Une ouvrière reprend cette première maquette et la monte, c'est-à-dire coud les différentes parties de la toile.

Le vêtement est essayé une première fois sur un mannequin vivant. Le couturier peut ainsi voir évoluer son dessin en trois dimensions et ordonner des retouches. Toile et tissu retournent alors à l'atelier pour être coupés et taillés. Le vêtement prend corps. Un deuxième essayage sur mannequin permet alors de vérifier que la réalisation correspond au désir du couturier. Le vêtement est né.

3 – LE SECTEUR DE LA FABRICATION

LE COUPEUR

Impossible de fabriquer vêtements et accessoires sans passer par lui. Son rôle est d'effectuer le placement, le traçage et le découpage des pièces qui composent un article. Il intervient après le patronnier-gradeur et doit scrupuleusement respecter les mesures qui lui sont communiquées, au risque de devoir gâcher des milliers de pièces. Outre sa grande précision, le coupeur, qu'il œuvre dans l'industrie du cuir ou dans celle de l'habillement, devra parfaitement connaître les matériaux sur lesquels il travaille. Pour le cuir, la découpe se fait souvent à la presse avec emporte-pièce ou à l'aide d'un tranchet. La découpe du tissu se fait à l'aide de ciseaux ou plus généralement d'une scie électrique. Ce métier est désormais informatisé : le placement des pièces de tissu ou de cuir se fait automatiquement et la découpe est gérée par ordinateur.
Pour exercer le métier de coupeur, vous pouvez préparer un bac pro métiers de la mode-vêtements.

LE COUTURIER-TAILLEUR

Contrairement à ce que l'on pourrait croire, la couturière (dont le pendant masculin est le tailleur) ne se contente pas de coudre. Pour aboutir à un résultat irréprochable, la couturière (ou le tailleur – pendant masculin de la couturière, et tandis que cette dernière travaille principalement pour une clientèle féminine, lui s'occupe d'habiller les hommes) doit prendre des mesures, établir un patron d'après un modèle, couper les tissus, fabriquer la toile (qui est une étape entre le patron et le vêtement fini), avant même que n'intervienne la moindre piqûre. Le patron sur lequel travaille la couturière peut être un modèle unique proposé par l'acheteur, un patron déjà existant, voire un modèle créé par la couturière elle-même.
Le métier de couturière nécessite des compétences précises afin de pouvoir assembler pinces, épaules ou manches ou, lors des étapes de finitions, pour la couture de passants, de fermetures et de boutonnières. La maîtrise de ces techniques, quoiqu'indispensable, ne saurait suffire. Une couturière doit être capable de faire preuve

de bon goût quand il est question d'harmoniser formes, couleurs et matières. La cliente qui fréquente une couturière est capable de payer ses vêtements plus chers que dans le commerce, puisque ceux-ci correspondent à ses envies et à sa morphologie. Le résultat final doit donc être irréprochable ! Une fois le vêtement terminé, la couturière qui travaille sur une pièce unique pourra passer de nombreuses heures en essayages et en retouches : il s'agit donc d'une voie réservée à celles d'entre vous qui ont le goût du travail bien fait (pour les autres, moins minutieuses, sachez que de nombreuses couturières travaillent dans de grands ateliers sur des pièces produites en plus grandes séries). Une couturière peut, en fonction de son talent et de ses envies, travailler à son compte ou être salariée dans un centre de retouches ou dans un atelier de fabrication. Les meilleures d'entre elles peuvent également travailler pour le compte d'une maison de couture, c'est ce que l'on appelle les petites mains.
Le métier de couturière se prépare après un CAP métiers de la mode, vêtement flou ou vêtement tailleur ou un BTS métiers de la mode-vêtements.

LE MODÉLISTE

Le travail du modéliste est essentiel dans la chaîne de fabrication d'un vêtement puisque son rôle est de concrétiser les idées du styliste. Avec lui, le vêtement prend forme et matière. Le modéliste commence par travailler sur un buste d'atelier en plaçant une toile qu'il coupe et ajuste à l'aide d'épingles. Le métier de modéliste nécessite un grand savoir-faire technique, mais il demande aussi une bonne part de créativité et d'imagination. Il faut en effet visualiser le vêtement, sentir évoluer le modèle sur lequel on travaille et savoir ce que donneront les coupes, drapés et plis imposés à la toile, appliqués au matériau. Une fois l'habit monté, le modéliste place les coutures, l'encolure, les emmanchures, les poches et les boutonnières. Ces étapes terminées, le modéliste peut tracer le patron afin de mettre au point un dernier prototype. Il est parfois indispensable de revoir ce prototype, de le modifier et de l'améliorer afin qu'il corresponde parfaitement au modèle qui n'était au départ qu'un croquis sur papier. Une fois que le prototype est au point, la fabrication peut être lancée en plus ou moins grande série.
Pour se préparer au métier de modéliste, la meilleure formation est le BTS métiers de la mode-vêtements.

CROIRE EN SA BONNE ÉTOILE

Comment ne pas tomber sous le charme de Giovanna Arrieta, modéliste et ancienne responsable des collections de prêt-à-porter du styliste Marcel Marongiu ? Cette ancienne employée d'assurance est aujourd'hui comblée par son métier. « *Depuis toute petite, j'aimais dessiner et me faire des vêtements.* » Après cinq ans de vie professionnelle peu stimulante, la jeune femme finance, grâce au Fongecif, une école de mode pour suivre une formation de styliste modéliste en trois ans. « *J'ai tout d'abord travaillé dans le Sentier, mais je ne voulais pas que l'on me colle cette étiquette. J'ai finalement rompu mon contrat pour me diriger vers la grande distribution. Grâce à la responsable des placements de mon ancienne école de mode, que j'avais pourtant quittée depuis quelques années, j'ai su qu'un poste se libérait chez Marcel Marongiu. Mon ambition était de travailler chez un styliste en pleine ascension.* » Après un premier entretien avec la modéliste de l'époque, Giovanna réalise, à la demande du styliste, un moulage d'après ses dessins. « *Je n'étais pas satisfaite de moi.* » Pourtant, deux semaines plus tard, la jeune femme reçoit une réponse positive. « *Chez Marcel Marongiu, mon travail consistait à assister le styliste. Je créais les patrons et les prototypes. Nous discutions ensemble des tissus, je l'aidais pour les essayages sur le mannequin cabine, puis j'apportais les retouches et les modifications.* »

Selon Giovanna, une bonne modéliste doit être perfectionniste tout en sachant rester humble. « *Je ne suis pas le créateur, je travaille avec lui, mais je dois accepter de rester dans son ombre. Si Marcel décidait de tout changer, j'obéissais, car lui seul devait rendre des comptes au final, quand les collections étaient présentées.* »

À ce poste, Giovanna a eu l'occasion de recruter de nombreuses stagiaires. Les jeunes filles en 2e ou 3e année de formation restaient en moyenne un mois. « *Elles me donnaient un coup de main et, durant les défilés, elles travaillaient comme habilleuses. Une excellente manière de se familiariser avec le métier.* »

LE PATRONNIER-GRADEUR

Sur la chaîne de fabrication, le patronnier-gradeur intervient après le modéliste et avant le coupeur. Ce métier consiste à établir les tailles d'un vêtement à partir d'un modèle standard afin d'en réaliser les patrons. Pour cela, il doit calculer les rapports qui permettent de passer d'une taille à l'autre en adaptant les données d'un modèle. Il travaille soit manuellement, soit, le plus souvent, avec un logiciel qui permet d'ajouter ou d'enlever parfois seulement quelques millimètres

aux différentes parties qui composent un modèle : encolure, manches, etc. Pour les grandes séries, ce sont ensuite des milliers de vêtements qui seront fabriqués d'après le patron que le patronnier-gradeur aura mis au point : il ne peut donc y avoir de place pour la moindre erreur !
On peut se préparer à ce métier après un CAP métiers de la mode-vêtements après la troisième, un bac pro métiers de la mode-vêtements ou un BTS métiers de la mode-vêtements.

LE PIQUEUR

Professionnel de la maroquinerie industrielle, le piqueur donne leurs formes aux objets et vêtements en cuir. Il intervient dans la chaîne de fabrication après le coupeur, son rôle étant d'assembler les différentes pièces. Il commence par vérifier les différents morceaux qu'il reçoit du coupeur avant de les composer, ce que l'on nomme le travail de table : il peut parer ou amincir le cuir afin de diminuer l'épaisseur des coutures. Le montage s'effectue ensuite par piquage (à la machine) et par collage.
Le métier de piqueur (on devrait dire piqueuse, puisqu'il est essentiellement féminin) se prépare après un CAP maroquinerie.

LE RETOUCHEUR

Qu'il s'agisse d'un pantalon, d'une jupe à allonger, raccourcir, resserrer ou élargir, le retoucheur est devenu incontournable dans la plupart des magasins de prêt-à-porter voire de grande distribution. Alors que jadis les retoucheurs (souvent des femmes) œuvraient principalement dans les maisons de couture, il est devenu fréquent qu'ils possèdent aujourd'hui leurs propres boutiques tout en travaillant, comme prestataires de services, pour les boutiques de mode ou les grands magasins. Le retoucheur doit posséder, tout comme une couturière, une bonne connaissance des matières, mais également des techniques de coupe, de mesure et de montage.
Il possède une formation de couturier et est souvent titulaire d'un CAP métiers de la mode, vêtement flou. Il est également possible de préparer une mention complémentaire essayage-retouche-vente (ERV) après un CAP métiers de la mode-vêtement flou ; vêtement tailleur ou chapelier-modiste.

LE PROTOTYPISTE EN MATÉRIAUX SOUPLES

Le travail du prototypiste en matériaux souples (anciennement technicien de fabrication textile) est complet et varié. Il dépend de la structure au sein de laquelle il travaille (dans une équipe ou sur un site industriel). Il lui faut gérer et préparer toutes les phases de la fabrication. Il peut travailler en collaboration avec les stylistes ou les modélistes, se chargeant des commandes de tissus ou de fournitures et de l'élaboration des fiches techniques qui permettront la production des modèles.
On peut accéder à ce poste après un BTS métiers de la mode-vêtements ou un BTS métiers de la mode – chaussure et maroquinerie.

LA BRODEUSE

La magie de la broderie est de savoir allier des techniques et un savoir-faire artisanal à la réalisation d'objets modernes. Avec l'invention en 1830 de la machine à coudre par Barthélemy Thimonnier, ce secteur s'est mécanisé. On distingue depuis deux types de broderies.
Celles qui sont réalisées à la main le sont principalement pour les maisons de haute couture. Les brodeuses sont chargées de réaliser les motifs qui leur sont commandés par les créateurs. Les pièces qu'elles réalisent sont uniques et le temps passé à la réalisation d'une broderie ou à l'application de perles ou de paillettes sur les vêtements des collections justifie en partie le prix de certaines broderies. Les grands noms de la couture française, qui tiennent à maintenir le prestige de leur marque, travaillent exclusivement avec des broderies manuelles fabriquées en France. Sur la région parisienne, on ne compte qu'une dizaine d'ateliers qui emploient chacun un nombre restreint de brodeuses (rarement plus de 30). Le brodeur français le plus connu est incontestablement François Lesage (1929-2011). Il est à noter que cette célèbre maison possède également une école dans laquelle sont formées les futures brodeuses qui travailleront dans les ateliers parisiens. La broderie main nécessite de la patience, du soin et le goût de la perfection.
Les broderies mécaniques sont pour la plupart réalisées dans la région de Paris ou de Lyon. C'est en 1829 que Josua Heilman dépose le brevet d'un métier à broder qui actionne à la fois 200 aiguilles.

Aujourd'hui, il est possible grâce à des machines qui emploient jusqu'à 1 360 aiguilles en même temps, de broder 20 à 40 mètres de tissu.
Il est possible d'accéder à la profession de brodeuse après un CAP arts de la broderie (niveau 3e), un brevet des métiers d'art (BMA) broderie à niveau bac ou un DN MADE mention mode (bac + 3). Depuis quelques années, certaines techniques se sont informatisées, comme la conception et la simulation de broderies sur écran.

▶ **Contacts :**
- École de broderie d'art Lesage. 13, rue de la Grange-Batelière, 75009 Paris. Tél. : 01 44 79 00 88. Internet : www.ecolelesage.fr
- Fédération française des dentelles et broderies. 24, rue de Clichy, 75009 Paris. Tél. : 01 42 80 63 23. Internet : www.ffdb.net

QUELQUES MÉTIERS AUSSI RARES QUE PRÉCIEUX : LES MÉTIERS D'ART

Afin de reconnaître et de valoriser des métiers comme ceux de brodeuse, dentellière, plumassière, plisseur, modiste, passementier, etc. le ministère de la Culture a créé le titre de maître d'art (132 maîtres d'art nommés depuis sa création). Ces professionnels ayant au minimum quinze ans d'expérience dans leur domaine, exercent souvent un métier devenu précaire de par l'évolution des marchés et la concurrence croissante au niveau international.
Pour leur venir en aide, mais également afin de reconnaître leur importance dans le bon fonctionnement de l'industrie du luxe, le ministère de la Culture leur accorde une allocation de 16 000 euros annuels. En contrepartie, il est demandé aux maîtres d'art de transmettre leur savoir-faire à un élève en le formant pendant trois ans, minimum.

▶ **Contact** : Institut national des métiers d'art. Viaduc des Arts, 23, avenue Daumesnil, 75012 Paris. Tél. : 01 55 78 85 85.
Internet : www.institut-metiersdart.org et www.maitredart.fr

LA DENTELLIÈRE

Il existe en France de nombreuses régions où l'on fabrique encore artisanalement de la dentelle. Chacune possède ses méthodes et son jargon. Dans le Nord, la dentelle se fabrique principalement aux fuseaux, tandis qu'en Normandie elle se fait encore à l'aiguille ;

quant au nord de Paris, il s'est spécialisé dans la dentelle noire. La dentelle se divise en deux catégories : celle issue de la passementerie se fait aux fuseaux et celle issue de la broderie se fait à l'aiguille. À la différence de la brodeuse ou de la plumassière, la dentellière travaille le plus souvent indépendamment comme prestataire de services, plus souvent au sein d'un atelier que seule. Elle peut travailler occasionnellement pour les maisons de couture afin d'orner les vêtements, chaussures ou robes de mariée de dentelles choisies par le styliste.
Le CAP arts de la dentelle n'étant plus proposé dans les lycées professionnels, le métier de dentellière se prépare dorénavant *via* des stages professionnels et des cours du soir dispensés au Centre d'enseignement à la dentelle au fuseau du Puy-en-Velay (le plus ancien), au Conservatoire de la dentelle de Bayeux ou à l'Hôtel de la dentelle de Brioude.

▶ **Contacts :**

- Centre d'enseignement de la dentelle au fuseau. 38-44, rue Raphaël, 43000 Le Puy-en-Velay. Tél. : 04 71 02 01 68. Internet : www.ladentelledupuy.com
- Conservatoire de la dentelle de Bayeux. 6, rue du Bienvenu, 14400 Bayeux. Tél. : 02 31 92 73 80. Internet : https://dentellesbayeux.com
- Hôtel de la dentelle. 29, rue du 4-Septembre, 43100 Brioude. Tél. : 04 71 74 80 02. Internet : www.hoteldeladentelle.com

D'OÙ VIENT LA DENTELLE ?

Son origine remonterait à la première moitié du XVe siècle. En 1407, à l'occasion d'un jubilé marital, une brodeuse, Isabelle Manour, fut choisie par l'évêque du Puy pour confectionner, conformément à la tradition, une robe fine et transparente pour la vierge noire portée en procession à travers la ville. C'est pour réaliser cette robe qu'il lui vint l'idée de concevoir le premier métier à dentelle. Dès le début du XVIe siècle la dentelle, symbole de raffinement et de féminité, devint indissociable de la mode. Il était fréquent que l'on dépense de véritables fortunes pour en acquérir, car les titres de noblesse s'évaluaient au volume de dentelle que l'on portait. La dentelle du Puy était particulièrement appréciée pour sa finesse jusqu'à l'arrivée des premiers métiers mécaniques.

LA MODISTE ET LE CHAPELIER

Le chapeau est un accessoire de mode, symbole d'un certain raffinement. Jadis réservé aux élégantes parisiennes, il tend depuis quelques années à se démocratiser. Qu'on le porte tous les jours ou pour une grande occasion, le chapeau a désormais sa place dans la plupart des grands magasins et autres boutiques de mode. Bien que le nombre des importations soit de plus en plus important en raison du coût de fabrication plus élevé des chapeaux français, le métier de modiste (à ne pas confondre avec celui de modéliste !) pour les femmes, ou de chapelier pour les hommes, devrait connaître encore de beaux jours devant lui.

De sa conception à sa vente, un chapeau passe par de nombreuses étapes et peut demander, en fonction de sa forme et de sa complexité, plusieurs dizaines d'heures de travail. Ce métier vous demandera imagination et créativité pour la première étape qui consiste à mettre au point un modèle original qui correspondra aux attentes de votre client. La seconde étape est celle du moulage sur des supports en bois ou en métal sur lesquels vous allez appliquer les pailles ou les feutres afin d'imposer une forme à la matière. Afin de parfaire votre création, la dernière étape, celle des finitions, nécessite de nombreux savoir-faire aux noms étranges : secrétage, arçonnage, caillotage, semoussage, etc. Qu'il s'agisse de surpiqûres, de poses de voilettes, de fleurs ou de rubans, vous devrez transformer votre chapeau en pièce unique. Il n'est pas rare que la modiste ou le chapelier travaille en collaboration avec une plumassière ou une fleuriste, qui élaborent des fleurs en tissu, des fruits, des oiseaux en tissu ou en plumes.

Le métier de modiste ou de chapelier se prépare après un CAP métiers de la mode : chapelier modiste ou un bac pro métiers de la mode-vêtements.

L'AMOUR DES CHAPEAUX

Katharina M. parle avec passion des chapeaux. De ceux qu'elle conçoit et confectionne, mais aussi de ceux que son imagination rêve de créer. *« À l'âge de 11 ans, j'ai commencé à porter mes premiers bérets. J'étais toujours chapeautée d'un bibi, d'une capeline ou d'une toque. »* Non contente de les porter, la jeune fille se décide à les confectionner en devenant modiste. Elle part pour le Canada afin de se perfectionner dans une école spécialisée. Lors de son apprentissage,

Katharina fait la connaissance de Théo Wouters. *« C'était un véritable maître, le modiste et couturier de la haute société de Montréal. Cet homme qui me paraît exceptionnel m'a appris tant de choses, en l'occurrence les anciennes méthodes de précision concernant les finitions. »*
À son retour en France, et après avoir posé ses valises dans différentes villes, la jeune femme choisit de conquérir Paris. *« Je me suis installée dans la capitale et je crée mes propres chapeaux dans un petit atelier. De nature scrupuleuse, je porte beaucoup d'intérêt à leur composition, à l'utilisation des matériaux et aux choix des formes. Pour moi, le chapeau est un accessoire essentiel de l'habit d'une femme. Il valorise les yeux, le visage, il est le complément d'une robe ou d'un tailleur, il affirme la personnalité de la femme. »*
Le métier de modiste demande la connaissance et la maîtrise de nombreuses techniques. Afin de compléter sa formation, Katharina a travaillé durant plusieurs mois pour quelques chapeliers, modistes ou créateurs parisiens. Cette jeune femme aux nombreux talents s'est également dirigée vers la création de bijoux et objets d'art. *« Mes premières réalisations furent des petites assiettes, des petits pots, des bougeoirs. Ensuite ce furent des plateaux, des coupes, des vases. Mes dernières compositions sont des lampes et des têtes à chapeaux. Il ne me manquait plus que des meubles pour présenter tous ces objets. C'est chose faite puisque je viens de terminer une console, un travail énorme, une création imposante. »*

Si vous souhaitez découvrir les créations de Katharina, qui sont, comme le rappelle l'artiste, des pièces uniques, vous pouvez consulter son site : http://katharina-m.com

LA PLUMASSIÈRE

Plumassière, un très joli mot pour un bien beau métier. Ce métier réclame de nombreux savoir-faire ainsi que la maîtrise de techniques très diverses. La plumassière (dont le travail consiste à savoir manier, traiter et arranger les plumes) et la fleuriste (qui crée et assemble les fleurs en tissu) travaillent souvent en collaboration avec d'autres corps de métiers comme le styliste ou la modiste. Elles sont amenées à créer des boas de plumes, à composer des parures de fleurs destinées à orner des robes de soirée ou des capelines. Certaines plumassières et fleuristes travaillent à leur compte comme prestataires de services. La plupart, cependant, exercent leurs talents au sein des maisons de coutures, ou dans les cabarets pour la confection et l'entretien des costumes de scène. La plumassière doit pouvoir identifier les plumes, savoir les traiter, les teindre et les assembler. Ce métier, à la fois technique et artistique, requiert beaucoup de patience et implique le passage par un apprentissage de plusieurs années. Une plumassière fournit non seulement la haute couture, mais également le monde du music-hall, du théâtre et parfois du cinéma. Vous pourrez accéder à ce métier *via* le CAP plumasserie ou le CAP fleurs artificielles dont les enseignements sont exclusivement dispensés au lycée Octave-Feuillet à Paris.

L'INMA : L'INSTITUT NATIONAL DES MÉTIERS D'ART

L'Institut national des métiers d'art est la structure unique de référence à caractère interministériel qui associe l'ensemble des acteurs du secteur, professionnels et institutionnels, au service de l'intérêt général des métiers d'art. L'INMA favorise les échanges, développe une expertise et donne une cohérence aux différentes dynamiques.
Ses missions consistent à proposer une expertise sur les métiers d'art ; à favoriser la formation et l'accès à l'emploi par l'information, l'expérimentation, l'aide à la transmission et la prospection ; à promouvoir les métiers d'art au plan national et international ; à soutenir les initiatives locales et à explorer de nouveaux champs de création dans les domaines du design, de la mode et des arts plastiques pour encourager l'innovation.

► **Contact** : INMA. Viaduc des Arts. 23, avenue Daumesnil, 75012 Paris. Tél. : 01 55 78 85 85. Internet : www.institut-metiersdart.org

LA FLEURISTE

Elle réalise des compositions florales en tissu. Elle doit créer la fleur en découpant les pétales, en les teignant et en travaillant leur forme grâce à divers outils chauffés. Ce métier réclame une excellente connaissance des techniques de teinture et la recherche de coloris.
Le diplôme qui prépare au métier de fleuriste est le CAP fleurs artificielles. L'apprentissage souvent long qui s'ensuit est un exercice d'humilité et de patience.

LE PLISSEUR

Afin de réaliser un plissage impeccable, il est nécessaire de maîtriser des règles mathématiques et géométriques précises. Qu'il soit large, double, ample, rond, plat, plissé chevron ou plissé Watteau,

le plissage se fait à la main dans la haute couture : le plisseur dessine un motif sur papier puis le reprend en relief dans un moule de carton à deux faces qui emprisonne le tissu. L'étoffe est ensuite étuvée à la vapeur dans un large four.
Le plisseur est souvent un couturier qui se sera spécialisé dans ce domaine particulier.

4 – LES EMPLOIS CONNEXES

Créer des tissus, concevoir des vêtements ou des accessoires, les assembler… tout cela permet d'aboutir à un produit fini ayant désormais vocation à être vendu et porté. Il existe un grand nombre de métiers qui n'appartiennent pas au secteur de la conception ni à celui de la fabrication mais qui sont pourtant susceptibles de vous intéresser.

Les directeurs commerciaux sont chargés de vendre les produits, disposant pour cela d'un bon carnet d'adresses comportant des acheteurs, des journalistes de mode, quelques attachées de presse, en un mot toute personne qui fera acheter le produit en le proposant à sa clientèle ou en en parlant à ses lecteurs. On dit du journaliste de mode qu'il peut faire ou défaire une carrière. Quant à la représentation du vêtement, elle incombe au photographe de mode qui travaille en étroite collaboration avec les agences de mannequins, maquilleurs, coiffeurs et agents artistiques.

LES ALLIÉS DE LA MODE : MAQUILLEUSE ET COIFFEUR

Parmi les poulains d'Ève Briat, agent artistique (voir partie IV) on trouve Isabelle Scherrer, maquilleuse, et Richard S., coiffeur free-lance. Le parcours de la première est classique. Isabelle obtient son CAP d'esthétique (aujourd'hui remplacé par le CAP esthétique cosmétique parfumerie) avant d'officier sept ans en institut. Après avoir travaillé pour une société de cosmétiques américaine, la jeune femme décide en 1995 de travailler en indépendante. *« Je suis intermittente du spectacle, ce qui me permet de travailler dans différents domaines : la mode mais aussi le cinéma, la presse, la télé, etc. »*

Quant à Richard, après un CAP coiffure (désormais CAP métiers de la coiffure) et des débuts à Angers, il obtient le premier prix de coiffure et maquillage artistique au concours international de Nantes. *« Après cela, je suis venu à Paris à l'âge de 21 ans. Au Palais des Congrès, j'ai été nommé lauréat du Mondial de la coiffure. »* Comme dans ce milieu le facteur chance est particulièrement important, Richard remercie le ciel d'avoir croisé le chemin de la chanteuse Hélène Segara. *« Elle était en pleine tournée pour la comédie musicale* Notre-Dame de Paris. *Depuis ce jour, je l'accompagne pour la presse, pour la télé, pour ses clips. J'ai eu la chance de partir avec elle lors de ses déplacements à l'étranger. »*

Si on leur parle de la précarité du statut d'indépendant, l'un et l'autre répondent qu'« *il faut avant tout avoir du talent. Bien sûr il y a des pièges, comme dans chaque métier. Règle numéro un : toujours lire toutes les lignes de ses contrats. Faire attention aux clauses de non-concurrence qui pourraient vous priver de votre liberté. Ne pas hésiter à travailler gracieusement pour un jeune photographe, qui pourra vous aider à constituer un book, si précieux dans ce milieu.* »

LE MANNEQUIN

On compte en France environ plusieurs milliers de mannequins de tout âge. Attention, n'est pas Cara Delevingne ou Gigi Hadid qui veut. L'aventure est certes tentante, mais les désillusions peuvent être terribles. Tout d'abord, ne jamais perdre de vue que ce métier exige des qualités physiques : critères de poids, de taille (1,80 m minimum pour un homme et 1,72 m minimum pour une femme), harmonie du visage, de l'ossature, etc. Sans oublier que dans le monde changeant de la mode, les critères se modifient pour les mannequins.
Cette profession a beaucoup fait parler d'elle. De nombreux scandales sont en effet venus entacher la réputation d'agences que l'on croyait irréprochables. Afin de vous protéger d'éventuelles arnaques, vous devez prendre connaissance de vos droits en contactant les syndicats et unions professionnels qui pourront également vous diriger vers des collaborateurs sérieux et reconnus. Vous apprendrez à ne pas payer plusieurs milliers d'euros pour la constitution d'un book affligeant ou d'un composite piteux.
On voit depuis quelques années fleurir des agences dites de casting qui publient leurs offres d'emploi, principalement dans la presse gratuite. Ce mode de recrutement n'a rien de normal. La personne responsable de mener un casting pour le compte d'un client se nomme un *casting director*. Il lui est impossible de demander aux mannequins de payer pour assister à la séance. Les agences qui ont pignon sur rue fonctionnent grâce au bouche-à-oreille, mais surtout avec des personnes dont la mission est de rechercher de nouveaux mannequins dans le monde.

Si vous réussissez à décrocher un contrat, sachez que votre employeur (l'agence) doit obligatoirement vous fournir (sous peine de violer le code du travail) les documents suivants :

- un contrat de travail ;
- une copie du contrat de mise à disposition entre votre agence et le client ;
- un bulletin de salaire conforme aux dispositions spéciales concernant les mannequins ;
- une attestation Assedic ;
- un certificat de travail.

Votre règlement devra vous parvenir au plus tard le 7 du mois suivant le travail accompli.

DU MANNEQUINAT AU STYLISME

David Gérardin était prédestiné. Outre un physique particulièrement flatteur, ce jeune homme possède un indéniable talent de styliste. Après son baccalauréat, il s'inscrit en CAP de photographie (qui a, depuis, été remplacé par le bac pro photographie) avant de travailler jusqu'en 1999 comme mannequin. Son ambition est celle de nombreux jeunes qui rêvent de faire ce métier : « *Être connu et reconnu. Pour y parvenir j'ai dû franchir les étapes : entrer dans une agence, faire des photos avec des photographes de talent pour enfin être booké sur des défilés, des campagnes de pub, etc.* »
David est très vite confronté à la réalité : beaucoup de mannequins ne travaillent pas assez pour vivre. Il apprend à gérer sa carrière : tout cela commence par le choix de son agence. « *Il faut qu'ils croient en toi, sinon ils ne te feront pas travailler, et puis la règle d'or : ne jamais rien avancer, ni frais de book, ni billets d'avion, ni notes d'hôtel… tout doit vous être avancé ou remboursé contractuellement.* » En plus de critères physiques, aussi stricts qu'incontournables, un mannequin doit posséder certaines qualités morales. « *Il faut être vif, agréable, élégant, ponctuel et surtout faire preuve d'une grande disponibilité !* »

À ceux d'entre vous que la réussite de David ferait rêver, le jeune homme accepte de donner quelques précieux conseils : « *Ne songez pas à devenir mannequin si vous ne respectez pas les critères de poids et de taille, faites attention à tout ce que vous signez, lisez les moindres clauses, ne signez jamais rien dans l'urgence.* » Il ne tient qu'à vous de tenter votre chance en suivant les conseils que David vient de vous donner.

En contactant les syndicats d'agences de mannequins, vous pourrez obtenir des informations sur vos droits, la législation, les agences en activité, etc. Le plus important d'entre eux est le Synam (Syndicat national des agences de mannequins), qui regroupe une trentaine d'agences de mannequins.

► **Contact :** Synam. 10, rue de Penthièvre, 75008 Paris. Internet : http://synam.org. E-mail : conseil@synam.org

PETIT LEXIQUE DU MÉTIER DE MANNEQUIN

Comme toutes les professions, celle de mannequin nécessite la connaissance d'un jargon spécifique, dans ce cas fortement anglicisé. Voici quelques-uns des termes les plus courants.

• **Book (ou press-book)** : y sont présentées les photos les plus représentatives du travail, des compétences ou de la carrière d'un mannequin. Le book est présenté par l'agence à un client éventuel afin qu'il puisse se livrer à une sélection afin de « booker » (engager) le mannequin. Attention, un book n'est pas exclusivement réservé aux mannequins. Il est souvent indispensable à d'autres professionnels dont les coiffeurs, les stylistes, les maquilleurs, mais aussi les photographes. Un book ne devra rien vous coûter puisque les frais sont pris en charge par l'agence ou le photographe qui vous aura contacté.

• **Bookeur** : il travaille au sein d'une agence et est chargé de gérer la carrière d'un mannequin (promotion, rendez-vous, relations avec les clients, etc.).

• **Casting** : il permet de sélectionner les mannequins qui correspondent à une ligne ou à un descriptif préalablement établi. Un casting s'organise le plus souvent en deux temps : une première sélection s'effectue après consultation des books, la seconde nécessite la présence physique des mannequins (afin de les voir en trois dimensions et de juger de leur allure) sous le contrôle des clients eux-mêmes ou d'un *casting director*.

• **Chart** : il s'agit le plus souvent d'une fiche qui contient tous les éléments indispensables pour le bon déroulement des rendez-vous de la semaine pris par le bookeur pour le mannequin (dates, lieux, personnes à contacter, coordonnées, etc.).

• **Composit** : c'est en quelque sorte le petit frère du book. Sur une fiche format 21×15, sont présentées sur le recto quelques photographies du mannequin et sur le verso ses mensurations, ses références et les coordonnées de son agence.

• ***Fitting*** : il s'agit tout simplement d'une séance d'essayage, qui permet au styliste de voir son vêtement porté et ainsi de le modifier ou de l'ajuster.

• ***Go and see*** : rencontre organisée par l'agence qui désire faire mieux connaître un de ses mannequins à la presse ou aux photographes.

- *Tear sheet* : ce sont les photographies d'un mannequin parues dans la presse. En les incluant dans son book, le mannequin peut ainsi démontrer son expérience et ses compétences.

- Test : il s'agit d'une séance photo professionnelle. Les clichés qui en résultent sont destinés à constituer ou à améliorer le book d'un mannequin.

Quelques trucs pour ne pas se faire avoir !

En règle générale, aucune agence de mannequins sérieuse ne fait de parution dans des journaux gratuits. Les annonces que vous trouverez dans ces journaux sont éditées par des agences de casting ou de fichiers d'artistes. Le professionnalisme de ces agences laisse souvent à désirer ! (On compterait en France environ 250 sociétés de casting, dont 15 % seraient sérieuses, les autres vivant aux dépens des postulants mannequins.)

Si vous décidez de vous rendre à un casting organisé par une agence peu connue ou un photographe indépendant, allez-y accompagné(e). N'hésitez pas à prévenir vos proches en leur indiquant le lieu du rendez-vous, le nom de votre interlocuteur ainsi que l'heure à laquelle vous devriez avoir terminé.

Ne prenez pas d'argent avec vous, ni chèque ni carte de crédit. Un casting doit vous permettre de décrocher un contrat et donc de gagner de l'argent, pas d'en dépenser ! Si une agence a confiance en vous et si elle sait que vous pourrez travailler, elle vous engagera en misant sur les commissions qu'elle prélèvera sur vos cachets.

Ne vous emballez surtout pas ! Réfléchissez aux propositions qui vous sont faites, parlez-en à vos parents. Si vous êtes mineur, vous ne pouvez prendre de décision sans leur accord.

LE JOURNALISTE DE MODE

Il semble que le pouvoir des journalistes soit, dans le secteur de la mode, particulièrement important. La presse spécialisée repose sur quelques titres incontournables auxquels collaborent certaines des plumes les plus acérées du microcosme de la mode parisienne. Jadis, les défilés étaient présentés dans les salons feutrés et confidentiels des maisons de couture devant quelques rares élus ; aujourd'hui ce sont des centaines de caméras et de reporters qui affluent du monde entier.

Ce besoin de transparence explique que les journalistes de mode aient pour mission de faire parler des collections le plus rapidement possible. Il n'est pas faux de dire qu'à chaque saison les journalistes de mode s'enflamment pour de nouveaux stylistes, chaque chroniqueuse ayant ses propres « chouchous » parmi les créateurs. Le rôle de la presse est ambigu. Elle s'enthousiasme fréquemment pour ce qui n'est bien souvent qu'un effet de podium et abandonne bien vite ceux qui ont le malheur de ne plus plaire ou de ne plus divertir. Le journalisme de mode est cependant indispensable au bon fonctionnement de l'industrie. Il permet d'orienter les projecteurs vers de jeunes talents tout en forçant les plus anciens à se renouveler et à innover constamment. C'est d'ailleurs bien souvent sous la plume des journalistes que naissent, aux yeux d'un large public, les modes et les tendances.

BREF HISTORIQUE DE LA PRESSE DE MODE

C'est vers la fin du XVIIIe siècle qu'apparaissent les premières publications consacrées à la mode. C'est cependant durant le XIXe siècle qu'elles se démocratisent et deviennent plus facilement accessibles aux non-professionnels. Parmi les premiers titres, on trouve le *Journal des Dames* (1825), *La Mode* (1829), *La Toilette de Psyché* (1834), *La Sylphide* (1839), qui parfumait les feuillets de sa revue, *Le Moniteur de la mode* (1843), *La Mode illustrée* (1860), *La Mode pratique* (1891) créée par Hachette, etc. On estime qu'entre 1871 et 1908 il y a eu 180 revues de mode disponibles en France.

Source : Institut français (ex-Association française d'action artistique).

LE PHOTOGRAPHE DE MODE

Allié des mannequins, des stylistes et de la presse écrite, le photographe est lui aussi l'un des acteurs incontournables du monde de la mode. Qu'il travaille en free-lance ou pour une agence, il peut selon le contrat sur lequel il travaille, exercer avec plus ou moins de liberté sa créativité. Véritable artiste ou simple exécutant, le photographe de mode peut devenir parfois plus connu et respecté que les mannequins avec lesquels il travaille.

Interrogés sur les difficultés de leur métier, les professionnels répondent qu'un bon photographe doit allier talent, courage, volonté, créativité et disponibilité. Les photographes de mode, comme beaucoup, connaissent des hauts et des bas dans leur carrière : ceux qui choisissent de travailler en indépendants peuvent s'attendre à ne pas voir le téléphone sonner pendant longtemps. De plus, l'expérience vous apprendra à ne jamais travailler sans avoir préalablement établi de contrat avec l'aide d'un conseiller juridique. Les places sont chères : outre une bonne formation, vous devrez faire preuve d'ouverture d'esprit. En effet, à défaut de rester sensible à tout ce qui bouge dans le monde changeant de la mode, un photographe peut très vite se trouver dépassé.

UNE SÉANCE PHOTO : UN MINUTIEUX TRAVAIL DE PRÉPARATION

Pour une séance photo de quelques heures, il faut souvent des journées et parfois des nuits de travail... Tout commence au sein même du journal. *« Lors d'une réunion de rédaction, nous choisissons avec le rédacteur en chef et la rédactrice en chef de la mode le thème que nous allons traiter. Selon la saison, nous pouvons faire six pages sur les imperméables, sur les robes de soirée ou encore sur les maillots de bain »*, explique Anne.
« Il faut ensuite trouver l'angle, la façon de traiter le sujet. Parfois nous inventons une histoire que le lecteur suit et lit comme un roman-photo. Parfois, nous cherchons simplement à créer une ambiance, nous choisissons alors un lieu, par exemple un hôtel ou une plage. Une fois que nous avons trouvé nos sujets, la rédactrice de mode contacte les maisons de couture ou les fabricants de vêtements et emprunte les tenues qu'elle avait déjà repérées lors des défilés. Elle "briefe" *le photographe, c'est-à-dire lui explique ce qu'elle désire réaliser. Nous réservons ensuite un studio de photo ou nous allons faire des repérages pour les prises de vues à l'extérieur. »*
Le choix des mannequins se fait ensuite sur composites. *« Le composite est en quelque sorte la carte d'identité du mannequin. On y voit sa photo, ses mensurations, sa taille, sa couleur de cheveux et sa pointure. C'est le plus important, la pointure ! Les jeunes femmes peuvent tout aussi bien chausser du 39 que du 42. Et ça, c'est souvent problématique pour la styliste ! »*
La prise de vue peut enfin réellement débuter. *« C'est un vrai travail d'équipe,* assure Anne. *Je soumets l'ordre dans lequel je vais présenter mes différentes tenues au photographe. Ensuite, je discute avec la maquilleuse afin de savoir quelles couleurs elle va utiliser. Pendant que le photographe règle les lumières et prépare son matériel, le mannequin se fait maquiller, habiller, coiffer, etc. Et la séance débute. Deux ou trois heures sont parfois nécessaires pour tout régler ! »*

Les diplômes d'État qui peuvent conduire à la profession de photographe sont :
• le BTS photographie (bac + 2) ;
• le diplôme de l'École nationale supérieure de la photographie d'Arles (bac + 5) ;
• le diplôme de l'École nationale supérieure des arts décoratifs spécialité photo-vidéo (École nationale supérieure des arts décoratifs) (bac + 5) ;
• le diplôme de l'École nationale supérieure Louis-Lumière section photographie (bac + 5).

Vous pourrez trouver une liste relativement complète des établissements en Île-de-France et en province sur le site :
www.sgmaap.com/ecoles

► **Contacts :**
• Fédération française de la photographie et des métiers de l'image. 24, rue Louis-Blanc, 75010 Paris. Tél. : 01 84 16 47 47.
Internet : www.gnpp.com
• Syndicat général des maîtres artisans et artisans de la photographie (SGMAAP). 7, rue du Morvan, 75011 Paris. Tél. : 06 08 72 26 45.
Internet : www.sgmaap.com

LE CHEF DE PRODUIT

Dans le cadre de la stratégie de l'entreprise, il définit, construit et vend aux commerciaux les lignes de produits dont il a la responsabilité. Il est responsable des performances d'une collection. Il doit développer une offre qualitative en adéquation avec les besoins du marché. Le chef de produit veille à la constante performance commerciale de ses produits et est garant de leur rentabilité. Il a pour charge de rechercher les informations en faisant établir des études de marché et de concurrence. Il doit prendre en compte les tendances de style et pour cela rester en contact avec tout ce que font ses concurrents. Il analyse l'historique des ventes et établit le plan de collection en tenant compte des informations analysées lors des trois étapes précédentes.

Le chef de produit a également pour mission de :
• s'occuper du lancement d'études produits ;
• rechercher les meilleures sources d'approvisionnement ;
• sélectionner les produits ;
• élaborer les prévisions ;
• passer les commandes après négociation des prix et des conditions d'achat en recherchant le meilleur rapport qualité-prix-délai ;
• suivre les livraisons ;
• faire un suivi qualitatif ;
• piloter la mise au point des prototypes et préséries ;
• établir avec la direction commerciale les budgets commerciaux propres à son produit ;
• vendre ses collections au réseau ;
• établir un bilan des collections.

L'ASSISTANT CHEF DE PRODUIT

Rattaché à la direction des produits, il a pour mission d'élaborer le plan de collection en collaboration avec le bureau de style et le chef de produit, de veiller au bon déroulement des différentes étapes de la mise en place des échantillons en relation avec les bureaux d'études et de production, et de maîtriser l'ensemble des coûts de fabrication avec le chef de produit.
Les qualités qui font un bon assistant sont la capacité d'analyse, le sens de l'organisation et une sensibilité au produit pour lequel il travaille.

L'ACHETEUR

L'acheteur a la responsabilité de trouver le meilleur produit au meilleur prix dans le respect de la stratégie d'achat déterminée par le directeur des achats. Il élabore des plans d'achats, sélectionne à travers le monde ou fait fabriquer les produits pour monter sa collection. Il négocie également les coûts et les délais de fabrication. Il doit posséder un grand sens de l'organisation, avoir des capacités de négociation et de communication, et posséder une « sensibilité produit ». L'acheteur est courtisé par les directeurs commerciaux puisque de son bon vouloir peut dépendre le succès ou l'échec d'une collection.

Aujourd'hui avec l'ouverture des marchés sur l'Europe et le monde, les postes d'acheteur sont de plus en plus souvent des postes acheteur textile international. La maîtrise de plusieurs langues est donc indispensable.

LE RESPONSABLE COMMERCIAL

Sa mission principale est la prospection commerciale. Il doit gérer le suivi de la clientèle et mettre en place une politique de développement des différentes lignes de produits auprès des grands magasins et des détaillants. Il peut également s'occuper de la prise de commande, de l'organisation et du suivi des livraisons et des réassorts. Présent sur les salons et au showroom, il s'occupe de la vente auprès des clients et des acheteurs (il est impératif d'avoir un carnet d'adresses solide pour faire face à la concurrence acharnée !). Il lui impute également de développer le chiffre d'affaires. Il collabore à la collection en faisant remonter des informations sur les ventes.

PAS DE RÉUSSITE SANS RIGUEUR !

Véronique Beaumont a été directrice commerciale pour le styliste Marcel Marongiu pendant plusieurs années. Elle a accepté de nous faire part de son expérience. Bien que sa réussite professionnelle soit sans appel, son parcours semble atypique. Après un baccalauréat en économie, la jeune femme se dirige vers des études de cinéma. *« À l'époque, je n'étais pas intéressée par la mode, tout me paraissait trop cloisonné. »*

De stages en petits boulots alimentaires, Véronique trouve un jour une annonce qui propose un emploi de secrétaire bilingue. *« C'est comme ça que je suis rentrée chez Karl Lagerfeld et que j'ai ainsi mis le pied dans le monde de la mode. J'ai découvert petit à petit le travail de commerciale, en apprenant sur le tas. »* Elle travaille ensuite pour le styliste Paco Rabanne pendant quatre ans. *« C'était difficile de travailler pour lui, car il avait une image ringarde qui lui collait à la peau. J'ai donc dû apprendre à connaître ce que faisait la concurrence pour montrer à nos clients français, allemands ou italiens l'intérêt des créations de Paco. »*
Sa carrière connaît une formidable progression lorsqu'elle entre dans la prestigieuse maison Sonia Rykiel. *« J'ai été responsable des ventes de la deuxième ligne* "Inscriptions" *pendant quatre ans. C'était beaucoup plus facile qu'avec mes emplois précédents car Sonia jouissait d'une image positive : c'est un produit qui se vend tout seul ! »*

Véronique est ensuite promue responsable de la première ligne. Sa mission était de superviser les produits et leur production (en contrôlant les prix), de signer les contrats avec les agents, de décider de la stratégie et enfin de gérer les équipes. *« Il faut avant tout connaître et aimer ce que l'on vend. »*
Parmi ses autres expériences professionnelles, elle se rappelle avoir travaillé pour une usine de maille en pleine ascension, *« mais dans ce milieu, on vous colle très vite une étiquette, et je ne voulais pas être étiquetée* "Sentier", *même si mon employeur était localisé dans le Nord ».* Elle finit par démissionner avant de se voir offrir un poste de pouvoir au sein d'une marque allemande de mode féminine haut de gamme. *« Je ne suis restée que deux jours, je n'avais pas le feeling, ni pour le produit ni pour les méthodes de travail de l'équipe. »*

Quel regard porte-t-elle sur son métier ? *« Je n'ai pas une passion pour ce milieu. Mais j'aime mon métier et la liberté qu'il m'accorde. Aux yeux des chasseurs de têtes, j'ai perdu beaucoup de crédibilité en changeant si souvent d'employeurs. J'ai été très heureuse de travailler avec Marcel, j'aime être proche du créateur. »*

LE RESPONSABLE MARKETING

À l'écoute de l'évolution du marché et des informations collectées sur le terrain, le responsable marketing réalise des analyses afin de répondre aux attentes des clients. En collaboration avec les autres acteurs (directeur commercial, styliste, responsable de la communication), il contribue à l'élaboration de la stratégie et à la politique produits et image de marque. Il participe également à la définition du plan marketing (catalogues, études de marché, argumentaires…) et à l'analyse des ventes. Avec les chefs de produit, il fixe des objectifs commerciaux et stratégiques (marge à atteindre, développement des ventes, etc.).

LE RESPONSABLE DE PRODUCTION

Il prend en charge le suivi et le contrôle de la production au niveau des délais, des coûts, etc. Il est aussi chargé de la gestion des tissus et fournitures (achat, livraison, vérification des commandes, etc.), du contrôle du respect du cahier des charges, du suivi des fournisseurs depuis l'envoi des prototypes jusqu'à la validation des têtes de séries, et du suivi administratif, facturation, bons de commande, plannings et leur gestion informatique.

SANS OUBLIER...

• **Le commercial export.** Il a pour mission de prospecter de nouveaux marchés à l'étranger, d'assurer leur développement et de contribuer à l'élaboration de la stratégie export. Il aura un rôle stratégique dans le succès d'une collection sur les marchés étrangers. Il travaille en étroite collaboration avec les chefs de production, le bureau de stylisme de l'entreprise.

• **Le directeur de boutique.** Il lui faut optimiser les résultats de la boutique dont il a la charge en animant une équipe de vente et en fidélisant et développant la clientèle dans le cadre de la stratégie commerciale fixée par la marque ou le groupe. Il ne s'agit pas d'un simple vendeur puisqu'il doit choisir en collaboration avec ses supérieurs les produits présents sur le lieu de vente, gérer les stocks et fixer les besoins de réassort, gérer le fichier clients en veillant à le fidéliser et à le développer, mettre en place une collection dans le cadre de la politique de merchandising, accueillir la clientèle et former une équipe de vente.

• **Le vendeur.** La mode réclame des vendeurs qualifiés, capables de renseigner la clientèle sur le produit, sa conception, sa fabrication, les matières employées, etc. Sans doute plus ici que dans n'importe quel secteur, la présentation d'un vendeur ou d'une vendeuse travaillant dans le secteur de la mode doit être irréprochable. Outre les techniques de vente, il faut accueillir la clientèle en faisant preuve de disponibilité, mais aussi savoir gérer son espace vente. Si vous décidez de travailler en boutique pour une marque prestigieuse, sachez que la connaissance d'au moins une langue étrangère (si possible l'anglais) s'avère indispensable.

PARTIE III

LES FORMATIONS

Il existe de très nombreuses formations pour accéder aux métiers (tout aussi nombreux) de la mode. Qu'elle soit technique ou plus artistique, qu'elle débouche sur des diplômes accessibles après une classe de troisième ou après un baccalauréat, du CAP au master, il vous est possible, et de surcroît indispensable, de définir la formation la plus appropriée à votre plan de carrière. Il existe en France plusieurs dizaines d'écoles publiques ou privées qui dispensent ces formations reconnues par l'État. Attention toutefois à rester lucide et à ne pas perdre de vue que tous ces établissements ne se valent pas. Nous ne manquerons pas, dans cette partie, de vous parler des moyens de détecter certaines écoles peu scrupuleuses, aux frais de scolarité prohibitifs et aux résultats plus qu'aléatoires.

Pour l'ensemble de ces formations, il sera indiqué un bref rappel des compétences exigées, des contenus scolaires, des poursuites d'études éventuelles ainsi que des débouchés professionnels.

1 – LES FORMATIONS EN LYCÉE PROFESSIONNEL

CAP, bac professionnel, autant de formations que l'on peut préparer dans un lycée professionnel public ou privé (formation initiale) ou en CFA, Centre de formation d'apprentis, (formation continue). Outre un enseignement général indispensable (français, histoire-géographie, mathématiques, langue vivante, etc.) commun à toutes ces filières, nous vous indiquons pour chaque diplôme l'essentiel du contenu du programme d'enseignement professionnel.
Nous ne saurions trop vous conseiller de vous rendre dans le lycée professionnel proche de votre domicile (voir le carnet d'adresses) et de vous renseigner sur les compétences demandées et les débouchés proposés. N'hésitez pas à rencontrer les enseignants qui se feront un plaisir d'aiguiller vos recherches ou à poser vos questions directement aux élèves en formation.

RÉCAPITULATIF DES FORMATIONS

• **Le CAP :** il vise une entrée immédiate dans la vie active d'ouvrier qualifié. Ce diplôme peut se préparer en deux ans dans un lycée professionnel ou dans un Centre de formation d'apprentis (CFA). Il peut déboucher sur la préparation d'une mention complémentaire (MC), voire, pour les meilleurs élèves, d'un baccalauréat professionnel.

• **Le baccalauréat professionnel** : il prépare à l'entrée directe dans le monde du travail même si la poursuite d'études dans l'enseignement supérieur est possible.
La préparation du baccalauréat professionnel est accessible directement après la troisième, les seconde, première et terminale professionnelles constituant le parcours conduisant au bac pro. Notez que des passerelles existent et permettent, sous certaines conditions, après une seconde professionnelle, de rester en voie pro pour rejoindre une seconde année de CAP ou passer en première technologique pour aller vers un bac techno ou vers un brevet de technicien.

• **Le baccalauréat technologique :** ce diplôme a pour vocation de permettre une poursuite d'études. En effet, la majeure partie des titulaires d'un bac technologique se dirige vers un BTS, un DUT ou, pour les meilleurs d'entre eux, vers des études d'ingénieurs.

• **La mention complémentaire :** cette formation se prépare en un an après un CAP, un bac pro, un BT ou un baccalauréat technologique en lycée professionnel, en CFA, ou par le biais de la formation professionnelle continue. L'objectif d'une mention complémentaire est d'ajouter une spécialisation à un diplôme.

• **Le brevet professionnel :** il se prépare en un ou deux ans après un CAP. Le BP permet d'acquérir un niveau de qualification supérieur, d'approfondir ses connaissances (en particulier dans le domaine de la gestion d'entreprise) et de faciliter l'entrée dans la vie active.

• **Le brevet de technicien supérieur (BTS) et le diplôme universitaire de technologie (DUT) :** il s'agit de deux diplômes de l'enseignement supérieur. Ils se préparent en deux ans après un baccalauréat général, technologique ou professionnel pour les meilleurs élèves. La formation a lieu à temps plein en lycée pour le BTS, ou en Institut universitaire de technologie (IUT) pour le DUT. Il est également possible de les préparer en CFA par la voie de l'apprentissage ou bien par celle de l'alternance. Ces diplômes permettent une entrée dans la vie active ou bien une poursuite d'études en école d'ingénieurs, en université ou en formation complémentaire.

QUELQUES FORMATIONS PROPRES AUX MÉTIERS D'ART

• **Le brevet des métiers d'art (BMA) :** ce diplôme de niveau bac a pour finalité l'entrée dans la vie active ou l'accès à un diplôme national des métiers d'art et du design (DN MADE). Le BMA se prépare en deux ans après un CAP en lycée professionnel.

• **Le diplôme de technicien des métiers du spectacle (DMTS) :** il se prépare en un an après le baccalauréat.

• **Le diplôme national des métiers d'art et du design (DN MADE) :** il se prépare en trois ans après le bac et remplace l'ancienne mise à niveau en arts appliqués (MANAA), les diplômes des métiers d'art (DMA) et les BTS en arts appliqués.

LES CAP

Tous les CAP comprennent une période de stage de 12 à 16 semaines en entreprise.

Arts de la broderie

Cette formation comporte trois dominantes : broderie à la main, broderie sur machine et broderie automatisée. En début de cycle, vous travaillerez à la fois sur machine et à la main avant de vous diriger vers l'option de votre choix. Outre les différents points de broderie et l'étude de croquis, l'enseignement comprend l'apprentissage des différents matériels (aiguilles, poinçons, navettes, métiers, etc.) et matériaux (fils, tissus).
La poursuite d'études se fait le plus souvent en BMA broderie ou en baccalauréat professionnel métiers de la mode-vêtements.

Cordonnier bottier et cordonnerie multiservice

Si le cordonnier bottier réalise des modèles sur mesure pour ses clients, le cordonnier réparateur remet quant à lui les chaussures en état.
Deux CAP dispensent ces formations : le CAP cordonnier bottier et le CAP cordonnerie multiservice.

Plumasserie

L'objectif de ce CAP est d'apprendre à créer des accessoires de mode ou de décoration à partir de documents techniques ou de dessins, grâce des techniques de collage, de montage et d'assemblage.

À noter : ce CAP n'est proposé que dans un seul établissement en France, le lycée Octave-Feuillet à Paris.

Fleurs artificielles

À l'instar du CAP plumasserie, ce CAP est proposé uniquement au lycée Octave-Feuillet, à Paris.

L'objectif de la formation est d'apprendre les techniques de base pour la mise en forme et le collage de pétales de fleurs artificielles, leur assemblage et la teinture. Les diplômés peuvent ensuite travailler dans des ateliers de création d'accessoires de mode ou de décoration. En fonction de votre talent, il vous sera également possible de travailler pour un styliste ou une modiste, ou bien à votre compte en tant qu'artisan.

Fourrure

Le travail de la fourrure est à nouveau à la mode. Après avoir été sévèrement décriés par les stylistes, les mannequins et la presse, les vêtements et accessoires en peaux connaissent un regain de popularité. En dépit de la concurrence étrangère, la fourrure française jouit, grâce au savoir-faire de ses artisans, d'une indéniable popularité. Cette formation vous prépare à travailler chez un artisan, et pourquoi pas, plus tard, à votre compte. Vous apprendrez à préparer un patron ou un moulage sur mannequin, puis à préparer les peaux. Les peaux une fois assemblées, vous effectuerez traçage, coupe et assemblage indispensables au montage de la pièce avant d'achever par les finitions. Vous apprendrez durant les deux ans que dure le CAP à connaître et à travailler les différentes peaux.
Deux établissements dispensent cette formation en France (le lycée professionnel Turquetil à Paris et le CFA de la SEPR à Lyon).
Une poursuite d'études est possible en bac pro métiers de la mode-vêtements ou bac pro métiers du cuir option maroquinerie.

Maroquinerie

Cette formation vous prépare à travailler, découper, plier, assembler et coller différentes sortes de cuir afin de réaliser des produits tels que sacs, cartables, portefeuilles, ceintures, etc.
Grâce à ce CAP, vous saurez réaliser un produit fini à partir d'un patron.
Les débouchés à l'issue de ces deux années sont la vie active ou la poursuite en bac pro métiers du cuir option maroquinerie.

Métiers de la mode, vêtement flou

Le terme « flou » représente les matières avec lesquelles vous aurez à travailler (des tissus souvent légers comme le crêpe ou le polyester). Le titulaire du CAP métiers de la mode, vêtement flou participe à la réalisation d'un modèle : préparation des éléments, préparation à l'essayage, mise au point du modèle. Il travaille à la réalisation technique des modèles et des formes. Il identifie les matériaux, évalue les proportions, effectue les mesures et définit le patron. Il réalise les travaux de préparation à l'essayage. Il y participe et effectue les rectifications. Il est capable d'intervenir lors du découpage, du piquage et du repassage et sait interpréter les étiquettes de composition et d'entretien et les élaborer.
Avec un bon dossier, vous pouvez espérer entrer dans la vie active ou bien poursuivre en BP vêtement sur mesure option C couture flou ou encore en bac pro métiers de la mode-vêtements.

Métiers de la mode, vêtement tailleur

Le titulaire du CAP métiers de la mode, vêtement tailleur réalise des vêtements féminins ou masculins à caractère créatif et unitaire. Il est capable de participer à l'élaboration d'un produit par moulage, tracé, patronage, adaptation ou transformation, de régler des matériels, de réaliser des opérations de coupe, de préparation à l'essayage, de montage/assemblage, de finition, de contrôler la qualité des réalisations. Un bac pro métiers de la mode-vêtements est envisageable par la suite. Il est également possible de poursuivre en BP vêtement sur mesure option A tailleur dame ou option B tailleur homme ou pourquoi pas vers un DT métiers du spectacle option techniques de l'habillage.

Métiers de la mode, chapelier modiste

Cette formation vous prépare aussi bien aux méthodes artisanales (réaliser une forme sur toile à main levée, tirer les feutres ou les pailles au fer et à la vapeur, etc.) qu'industrielles. Comme l'indique Katharina M., modiste parisienne, *« l'artisanat fait la force de ce métier. Une bonne modiste doit être capable de traiter différentes matières, confectionner une couture à la main, créer des formes nouvelles en bois. Lors de mon apprentissage, j'ai appris à maîtriser des méthodes de précision concernant les finitions ».* Les techniques sont différentes lorsqu'il s'agit de travailler dans l'industrie. Les toiles ne sont pas travaillées à la main et le patronage est lui aussi différent. À la fin de cette formation, vous serez capable d'assembler et de finir à la main ou à la machine.

Les meilleurs élèves peuvent entrer dans la vie active, mais pour ceux qui désirent travailler dans la création, il est conseillé de poursuivre en bac pro métiers de la mode-vêtements.

Vêtement de peau

L'enseignement est assez proche de celui du CAP métiers de la mode, vêtement flou. Au final, vos compétences seront relativement similaires. Seuls diffèrent les matériaux utilisés puisqu'il s'agit ici d'apprendre à travailler avec les différents cuirs.

En France, seuls trois établissements proposent ce CAP : le CFA de la SEPR à Lyon, le lycée professionnel Turquetil à Paris et le lycée professionnel Jean-Rostand à Angoulême.

LES COMPAGNONS DU DEVOIR

En matière d'artisanat d'art, la voie d'excellence reste le compagnonnage. Après un CAP, poursuivre sa formation chez les Compagnons du Devoir est probablement l'un des meilleurs moyens de se perfectionner.

▶ **Contact :** Les Compagnons du devoir. 82, rue de l'Hôtel-de-Ville, 75004 Paris. Tél. : 01 44 78 22 50. www.compagnons-du-devoir.com

LES BACS PRO

Métiers de la mode-vêtements

Ce bac pro combine les techniques propres au prêt-à-porter (industrialisation, conception assistée par ordinateur, automatisation...) à l'évolution d'une profession de plus en plus tournée vers la petite série (modélisation et fabrication de prototypes) et la haute qualité issue de l'artisanat d'art. Il forme des professionnels polyvalents

capables de réaliser un vêtement de A à Z et de s'adapter aux réalités très diverses du milieu professionnel. Il donne accès aux métiers du bureau d'études en charge de la réalisation des prototypes de vêtements. Associé à un modéliste et/ou à un technicien des méthodes, il intervient tout au long de la chaîne d'obtention des vêtements (définition, industrialisation, réalisation, assemblage et contrôle) en modifiant et améliorant les processus de production.
Au cours des trois années de formation, vous suivrez un enseignement général : français, mathématiques, sciences, histoire/géographie, économie/gestion, anglais, éducation physique et sportive et un enseignement professionnel : conception construction DAO, technologie des textiles et des matériels, réalisation-fabrication, arts appliqués et culture artistique.
Le bac pro métiers de la mode-vêtements est ouvert en priorité aux élèves issus d'une classe de troisième, il peut cependant être suivi après un CAP métiers de la mode, vêtement flou ou vêtement tailleur, chapelier modiste, etc.
157 établissements offrent cette formation en France.

Métiers du cuir option chaussures

Titulaire de ce bac pro, vous pourrez occuper des emplois au sein des bureaux d'études ou des postes de monteur. Vous assurerez la réalisation des prototypes des produits et des petites séries dans des entreprises de maroquinerie ou de chaussures. Vous pourrez travailler aussi bien dans le secteur du moyen de gamme que dans le luxe, dans des PME ou TPE. Le prototypiste réalise la pièce qui servira au lancement de la production. Il tient compte des indications données par le styliste ou le modéliste, des contraintes techniques (temps, matières premières) et des coûts de production. Il s'assure de la qualité des matériaux et définit le processus de coupe. Il contrôle la conformité esthétique, fonctionnelle et technique de la pièce réalisée. Il rédige ou adapte les fiches techniques qui seront transmises au bureau des méthodes avant le lancement de la production. Les bureaux d'études, le secteur du luxe et de la petite série recrutent l'essentiel des prototypistes.
Deux établissements assurent cette formation en France.

Pilote de ligne de production (PLP)

Ce diplôme se préparant après la troisième est plus technique. Il forme en trois ans à la maintenance générale et à la conduite de machines et permet d'acquérir des connaissances en automatisme, électricité, mécanique appliquée aux moyens de production textiles (tissage, tricotage, ennoblissement, finition, etc.). Parmi les secteurs d'activité des diplômés du bac pro pilote de ligne de production, on trouve, entre autres, l'habillement et les textiles à usages techniques pour les domaines du sport. L'enseignement professionnel comprend des cours d'organisation et de conduite de production, de contrôle qualité, d'hygiène sécurité santé et environnement, de maintenance des équipements, etc. ainsi que des mathématiques (calcul vectoriel, probabilités), de la chimie et de la physique, une langue vivante…

La poursuite d'études est réservée aux meilleurs élèves qui peuvent se diriger vers un BTS métiers de la mode-vêtements, un BTS conception et réalisation de systèmes automatiques, un BTS contrôle industriel et régulation automatique, un BTS pilotage de procédés ou un BTS maintenance des systèmes.

APRÈS LE BAC PRO, JE CONTINUE !

Nassufata est une jeune fille ambitieuse et décidée. Son plan de carrière semble déjà être parfaitement au point. « *Après mon bac pro, je continue. En septembre, je commence une formation en alternance en patronage-gradation dans une école privée sur Paris. C'est une formation en deux ans. Après, soit je trouve un employeur, soit c'est l'école qui se chargera de m'en trouver un.* »
Après une troisième peu brillante, la jeune fille est entrée en CAP sans grande motivation. Elle reconnaît volontiers qu'il s'agissait pour elle d'un pis-aller. L'intérêt est toutefois au rendez-vous. « *Ce qui m'a plu, c'était de travailler avec les machines et d'apprendre à mieux connaître les tissus et les techniques de découpe et de montage. Du coup je réussissais à réaliser des vêtements pour moi ou ma famille.* » En bac pro, Nassufata travaille sur des logiciels qui la passionnent, comme le système de découpe informatisé Lectra.
La jeune fille évoque pour nous son meilleur souvenir : « *Par l'intermédiaire de notre prof, nous avons été amenés à travailler avec le styliste Christophe Guillarme. Il fallait que l'on s'occupe de la réalisation de ses modèles. En novembre il nous a fourni patrons et matériel et en mai notre classe avait fini le montage.* » Après cette première approche du monde du travail, Nassufata a décidé de son avenir professionnel : « *J'aimerais diriger une équipe, travailler dans la gradation ou la digitalisation (le calcul d'une taille sur ordinateur).* »

LE BAC TECHNOLOGIQUE SCIENCES ET TECHNOLOGIES DESIGN ET ARTS APPLIQUÉS (STD2A)

Les débouchés de ce bac se situent en architecture intérieure, en design industriel, dans la publicité, l'édition, la mode... Les diplômés du bac STD2A peuvent poursuivre leurs études en écoles d'art pour préparer un diplôme national des métiers d'art et de design (DN MADE), un diplôme d'école, de communication visuelle, de mode, etc.
Au programme : des matières générales (français, enseignement moral et civique, langue vivante, mathématiques, EPS, philosophie (en terminale), histoire-géographie), des enseignements technologiques (analyse, conception et communication en design et métiers d'arts), un accompagnement personnalisé et des enseignements de spécialité obligatoires.
Dans le cadre de la réforme du baccalauréat, ces enseignements de spécialité sont au nombre de trois en classe de première (physique-chimie, outils et langages numériques, design et métiers d'art) et deux en terminale (analyse et méthodes en design, conception et création en design et métiers d'art).

LE BMA BRODERIE

C'est grâce à ce type de formation que la mode française jouit d'un tel prestige. Après un CAP arts de la broderie ou un CAP métiers de la mode : chapelier-modiste, ce diplôme vous permettra d'améliorer votre maîtrise des différentes techniques de broderie, mais aussi d'affiner votre créativité. Les professionnels issus de cette formation ne mettent généralement pas longtemps à trouver un travail au sein d'un atelier. Les meilleurs peuvent espérer travailler en sous-traitance pour de grands noms de la couture.
Quatre établissements dispensent cette formation : le lycée professionnel Gilles-Jamain (Rochefort), le lycée professionnel Paul-Lapie (Lunéville), le lycée Octave-Feuillet (Paris) et le lycée Jules-Verne (Sartrouville).

LA RÉFORME DES ARTS APPLIQUÉS

Depuis la rentrée 2018, un nouveau diplôme en arts appliqués est mis en place : le DN MADE (diplôme national des métiers d'art et du design). Ce diplôme conférant le grade de licence (bac + 3), préparé en trois ans, remplace l'année de mise à niveau (MANAA, abrogée en 2019), les six BTS en arts appliqués (design graphique ; design d'espace ; design de mode, textile et environnement ; design de communication, espace et volume ; concepteur en art et industrie céramique ; design produit) et les DMA (tous abrogés en 2021) et a pour objectif de permettre aux étudiants de s'intégrer plus facilement dans le cursus LMD (licence-master-doctorat).
Il existe 14 mentions : animation ; espace ; événement ; graphisme ; innovation sociale ; instrument ; livre ; matériaux ; mode ; numérique ; objet ; ornement ; patrimoine ; spectacle.

Source : Onisep.

LES BTS

Suite à la réforme des études en arts appliqués, certains BTS sont appelés à disparaître au même titre que le DMA (voir plus haut), au profit du diplôme national des métiers d'art et du design (DN MADE).

Métiers de la mode-vêtements

Il est accessible après le bac pro métiers de la mode, un bac techno STD2A ou un bac techno STI2D spécialité ingénierie, innovation et développement durable et forme entre autres, des modélistes, des responsables d'études ou des assistants de production.

La formation s'articule autour d'un enseignement général (culture générale, anglais, mathématiques, physique, chimie), d'un enseignement artistique de trois heures hebdomadaires (arts appliqués) et d'un enseignement professionnel : conception, développement, industrialisation, réalisation de produits, environnement économique et juridique. À cela s'ajoute un stage en entreprise obligatoire de six semaines.

Innovation textile

Ce diplôme prépare de futurs techniciens supérieurs. L'intérêt comme la difficulté de ce BTS est de vous permettre de participer à la mise au point des produits, de réaliser des essais en laboratoire, de mesurer la qualité des matières et la conformité des produits réalisés…
Pour cela, la formation est divisée en deux options et propose un tronc commun orienté « textile » abordant les caractéristiques des fils et des matières textiles, ainsi que les procédés d'élaboration des fils et structures textiles.
L'option structures forme aux techniques de construction des fils et des structures textiles (tissage, tricotage, filature).
L'option traitements forme aux techniques de traitement des fils ou des structures textiles (teinture, impression, traitements de finition par voie chimique ou mécanique). Cette option requiert de solides connaissances en chimie.
Attention, ce métier a le vent en poupe. En effet, l'informatisation de l'industrie textile entraîne un besoin croissant en techniciens supérieurs. Vous pouvez préparer ce BTS après un baccalauréat technologique STI2D, un bac STL, un bac pro maintenance des équipements industriels ou un bac pro métiers de la mode-vêtements. Votre formation sera principalement axée sur la gestion de production et sur la communication (moins que sur la maintenance). Les élèves reçoivent des cours en arts appliqués et connaissent à la fin de leur scolarité les matières et matériaux avec lesquels ils seront amenés à travailler.
Après votre BTS, vous pouvez travailler dans un laboratoire de recherches et d'études ou dans les ateliers de fabrication des usines textiles. Vous pouvez également envisager une poursuite d'études en école d'ingénieurs.
À noter : un seul établissement propose ce BTS (pour les deux options) : le lycée La Martinière-Diderot à Lyon.

DU BTS À L'ÉCOLE DE MODE

Barbara Lehman est une jeune femme dynamique et volontaire. Son parcours est des plus traditionnels. Après un baccalauréat arts appliqués (aujourd'hui remplacé par le bac STD2A) passé à Strasbourg, elle se dirige vers un BTS stylisme de mode à Lyon (aujourd'hui remplacé par le DN MADE mention mode), puis vers une école de mode (Mode Spé). Son ambition, avoue-t-elle, a toujours été d'exercer une activité artistique. « *De tous les métiers qui s'offraient à moi, c'est le monde de la mode qui me touchait le plus. À l'époque, je craquais pour l'univers de stylistes comme Mugler. Aujourd'hui c'est davantage la nouvelle génération de Belges.* »

Si Barbara a décidé de s'inscrire dans une école de mode à Paris, c'est pour accroître ses chances de décrocher le boulot de ses rêves : « *J'étais attirée par ce qu'on me proposait, j'avais envie d'étudier mon futur métier avec de vrais professionnels. Eux seuls sont à même de nous parler des réalités du métier et de nous transmettre leurs passions.* » Au cours de sa scolarité, les enseignements qu'elle a reçus étaient diversifiés, pour mieux la préparer aux difficultés de la vie active. « *Nous travaillions avec des juristes, des commerciaux… Nous ne passions pas notre temps en vase clos, entre créatifs.* »

De nombreux étudiants s'accordent à dire que l'un des intérêts majeurs de ces formations, au contact direct des professionnels, est le stage. Après avoir été stagiaire pour José Lévy, Barbara a eu un stage chez le fabricant Creeks. « *J'occupais un poste à part entière au sein de l'entreprise. Ce n'était pas un stage de photocopies… L'école se chargeait de vérifier que tout se passait bien… J'ai appris énormément car je ne connaissais pas les contraintes liées à la grande distribution.* » Enthousiaste, la jeune femme n'en demeure pas moins réaliste : « *Je ne voulais pas me casser la figure en me lançant trop tôt dans le monde du travail. Je savais qu'avant toute chose, je devais maîtriser mon boulot, et en parallèle me constituer un carnet d'adresses.* »

Technico-commercial

La mode ne concerne pas exclusivement les aspects techniques et créatifs ; il existe un aspect sans lequel cette industrie ne pourrait vivre : l'aspect commercial. Le BTS technico-commercial spécialité habillement et ameublement ou textiles industriels se propose de former des vendeurs ou des acheteurs de matériaux (tissus, cuirs ou fournitures), de produits finis (vêtements ou accessoires) et de matériels (machines et outils de production). La formation englobe

à la fois une connaissance des produits utilisés et des matériels, et un enseignement commercial axé sur les techniques de gestion et d'études de marchés et de clientèles.
Après ce diplôme, il est possible pour les meilleurs candidats de poursuivre en école supérieure de commerce. Vous pouvez ensuite travailler en tant qu'acheteur ou commercial pour une maison de couture ou dans la grande distribution, mais aussi comme vendeur de matériels ou de logiciels chez un fabricant.

LES DN MADE

Le DN MADE (diplôme national des métiers d'art et du design) a été mis en place à la rentrée 2018. Préparé en trois ans, il confère le grade de licence (bac + 3) et remplace l'année de mise à niveau (MANAA), les six BTS en arts appliqués et les DMA. Son objectif est de permettre aux étudiants de s'intégrer plus facilement dans le cursus LMD (licence-master-doctorat) et de poursuivre éventuellement en master.
Les enseignements sont répartis en trois pôles :
• enseignements génériques cultures et humanités (philosophie, lettres et sciences humaines ; culture des arts, du design et des techniques) ;
• enseignements transversaux (méthodologies, techniques et langues vivantes, économie, contexte économique et juridique) ;
• enseignements pratiques et professionnels (ateliers de création, professionnalisation).
Un stage de 12 à 16 semaines est également obligatoire et un séjour d'études à l'étranger est encouragé.
Cette nouvelle formation dispose de 14 mentions, dont mode et matériaux.

Mode

Cette mention est orientée vers la création de vêtements (du projet à la réalisation du produit final).
Les étudiants travaillent sur le design de mode et la communication dans la mode. Il est également possible de se spécialiser : conception d'accessoires ; création textile ; expérimentation des surfaces ; pratiques innovantes ; etc.
La mention mode débouche sur les professions de costumier, styliste ou encore brodeur.

Matériaux

Cette mention permet d'explorer les matériaux qui permettent le design d'un objet : leur origine, leur diversité, leurs caractéristiques physiques et chimiques, les procédés de transformation et de fabrication. Les étudiants travaillent à la fois des techniques traditionnelles et numériques et peuvent choisir de se spécialiser (céramique, textile, verre, etc.).

À noter : certains établissements ne proposent pas toutes les spécialités (comme la spécialité textile, par exemple). Il convient donc de bien se renseigner avant de postuler.

Spectacle

La réalisation de costumes (pour le théâtre ou la haute couture, entre autres), de décors de scène, la régie son et lumière, etc. sont quelques exemples des enseignements de spécialité que l'on peut suivre en DN MADE mention spectacle. Les étudiants se destinant à un métier en rapport avec la haute couture peuvent donc envisager cette orientation.

3 – LA MODE À L'UNIVERSITÉ

Les formations aux métiers de la mode dans le supérieur sont relativement rares en France. Contrairement à d'autres pays comme les États-Unis ou l'Angleterre, nous semblons privilégier l'enseignement en lycée professionnel ou technologique. Toutefois, certaines universités et organismes privés proposent, en formation initiale ou continue, d'acquérir des diplômes de niveau bac + 3 à bac + 5 dans les secteurs artistiques ou commerciaux afin de travailler ultérieurement dans le prêt-à-porter, la haute couture ou le luxe.

LE CURSUS LMD

Les cycles universitaires s'organisent autour du modèle 3, 5, 8 afin de faciliter la reconnaissance mutuelle des formations supérieures au sein de l'espace européen et mondial. Les anciens diplômes du Deug au DEA ont été intégrés dans deux nouveaux cursus : pré-licence (avant bac + 3) et post-licence (après bac + 3, en choisissant de s'orienter vers une voie courte, bac + 5, ou longue, bac + 8). Les IUT et BTS, quant à eux, peuvent être complétés par une troisième année de stage ou par une année de licence professionnelle, afin d'atteindre le niveau bac + 3.
Dans ce contexte, un nouveau grade (mais pas un nouveau diplôme) a été créé : le master. Il constitue une appellation uniformisant les diplômes à bac + 5.
Les universités ont également mis en place le système européen d'unités d'enseignement capitalisables et transférables (ECTS). Un semestre vaut 30 crédits, une année 60, une licence 180 et un master 300, sachant que ces points sont transférables d'une université à l'autre et d'un pays à l'autre.

Schéma des études universitaires

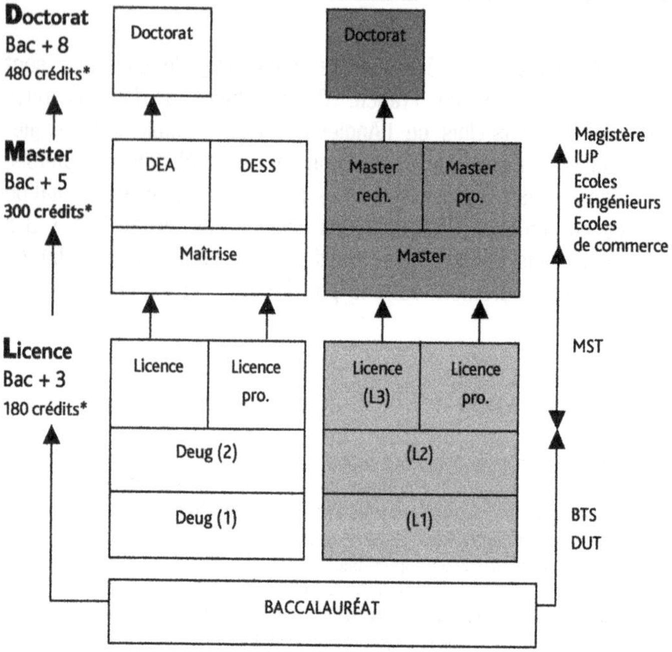

* 1 semestre = 30 crédits ; une année scolaire = 60 crédits

L'UNIVERSITÉ DE LA MODE : DE BAC + 3 À BAC + 5

L'Université de la mode (rattachée à l'université Lumière-Lyon II) propose deux formations spécialisées dans le secteur du vêtement et de la création textile : une licence professionnelle métiers de la mode et un master mode, parcours mode et communication.

QUELQUES DATES CLÉS

• 1988-1989 : ouverture d'un séminaire interdisciplinaire de maîtrise étude de la mode, accessible aux étudiants de l'université Lumière et conçu pour permettre le développement de relations avec l'université de Fortaleza (Brésil).
• 1989-1990 : ouverture du diplôme universitaire supérieur d'étude de la mode (niveau bac + 5) ; des représentants des milieux professionnels ont participé à son élaboration durant l'année universitaire 1988-1989, et constituent l'essentiel des membres de la commission scientifique.
• 1990-1991 : le diplôme universitaire supérieur d'étude de la mode obtient l'agrément comme DESS mode et création. Il reste, en 1995, la seule formation universitaire de ce type et de ce niveau dans le secteur de la mode.
• 1993-1994 : l'Université de la mode accroît son potentiel de formation et sa coopération avec les milieux professionnels à travers l'ouverture de deux diplômes d'université : le diplôme universitaire études et recherches sur la mode (DUERM) et le diplôme universitaire de création textile-habillement (DUCTH) qui a été créé en convention avec l'Association roannaise de développement de la productique.
• 1994-1995 : le DESS mode et création, dont les enseignants sont de plus en plus sollicités pour des journées d'études, colloques et publications, connaît une double reconnaissance internationale et professionnelle à travers la création d'une Université de la mode à l'Institut polytechnique de Lòdz (Pologne), en convention avec l'Université de la mode de Lyon II et la chambre de commerce et d'industrie de Lyon, qui participent à la définition et au déroulement de la formation : diplôme délivré sous le double sceau de l'université de Lòdz et de l'université Lumière Lyon II.
• 1996-1998 : l'Université de la mode développe ses relations internationales avec la Turquie et le Brésil, et participe à l'organisation du colloque ITAA (*International Trade and Afforel Association*), et en novembre 1998, l'Université de la mode prend part à la biennale de la mode de Florence (Italie).

Licence professionnelle métiers de la mode

La licence professionnelle est ouverte aux titulaires d'un BTS stylisme, modélisme, arts textiles et impression ou équivalent. Il s'agit d'une formation en alternance en contrat de qualification d'une durée d'un an. L'originalité de ce diplôme réside dans son mode d'élaboration fondé sur la mise en place de partenariats étroits entre universités, entreprises et branches professionnelles afin de répondre aux besoins des entreprises à la recherche de cadres et de techniciens polyvalents. Les projets sont pluridisciplinaires, multi-institutionnels ou interministériels.

La licence professionnelle métiers de la mode propose trois parcours : styliste e-mode ; modéliste industriel ; styliste-coloriste-infographiste. L'enseignement est divisé en deux :

- le tronc commun comprend de la communication et de la culture mode (anglais ; marketing de la mode ; mode, art et société ; droit), un projet tutoré (créativité ; gestion de projets ; suivi de projets, face à face technique et face à face conceptuel ; découverte des métiers) et un projet professionnel ;
- selon l'option choisie, les étudiants suivent également une spécialisation métier : infographie de la mode, de technologie de la couleur, de typologie de la mode (option coloriste-infographiste) ; des enseignements d'intégration numérique de l'habillement, d'e-marketing de la mode, de photos produits de mode (pour l'option styliste e-mode) ou des enseignements en modélisme, CAO et conception-transformation à plat (option modéliste industriel).

Ce diplôme est de niveau bac + 3.
La formation est donnée en alternance par des techniciens de création textile-habillement et des modélistes industriels. Chaque promotion compte en moyenne 25 étudiants.
L'admission se fait sur dossier, test d'aptitude et entretien. Les candidats admis ont le double statut d'étudiants et de salariés (rémunération selon la réglementation en vigueur soit actuellement de 65 à 80 % du Smic). La scolarité dure un an, avec 560 heures d'enseignement et 8 mois de stage en entreprise (stage durant lequel l'étudiant participera à l'élaboration d'une collection).

Attention : si le diplôme est délivré par l'université de Lyon II, les cours ont lieu au centre de formation CREATECH-Technopôle Diderot, à Roanne.

Master mention mode, parcours mode et communication

Le master mention mode, parcours mode et communication (bac + 5) s'attache à transmettre aux étudiants les fondements d'une entreprise de mode pour qu'ils soient opérationnels dès l'obtention du diplôme à des postes de marketing, de communication ou de création.
Le parcours a trois objectifs : la connaissance de l'international, le digital et la polyvalence.

Les enseignements de M1 sont les suivants : marketing de la mode ; communication ; langue, technique, métiers ; méthodologie de la recherche ; culture de mode ; sémiologie de la communication ; langage et images du monde contemporain ; mémoire de recherche et projet. En M2, les étudiants abordent les fondements de l'entreprise ; la culture mode et création ; les médias, la mode et le digital, et travaillent sur un projet professionnel.
À l'issue de la formation, les étudiants deviendront chefs de produit, assistants directeurs de collection, acheteurs, ou travailleront dans des services marketing, relations publiques ou autres.

Peuvent postuler les étudiants en fin de formation initiale, titulaires d'une licence (bac + 3 ou 180 crédits ECTS) et les professionnels, dans le cadre de la formation continue (*via* la VAE).
En M1, 40 candidats sélectionnés sur dossier puis entretien sont retenus chaque année. En M2, l'effectif est de 35 étudiants.

AUTRES DIPLÔMES UNIVERSITAIRES DE NIVEAU BAC + 5

Master professionnel innovation, design, luxe

Créé en 1992, le master Innovation, design et luxe de l'université Paris-Est Marne-la-Vallée est la première et unique formation universitaire au management dans le secteur du luxe. Très sélectif, il accueille chaque année 12 étudiants en master 1 et 30 en master 2, issus de toutes formations, sur la base de l'excellence de leur dossier académique et de la qualité de leur expérience professionnelle.

Le master luxe permet le rapprochement unique de futurs professionnels de la gestion du secteur du luxe et de la création (métiers d'art et du design), pendant leur dernière année de spécialisation. Il met ainsi en situation des étudiants qui seront amenés à travailler ensemble dans la suite de leur carrière ; ils y sont formés sur des problématiques concrètes de gestion de projets et de marques en partenariat avec des entreprises, et y acquièrent des connaissances et une culture commune du luxe.

Les enseignements sont répartis en 4 semestres et 17 unités d'enseignement (UE) qui sont découpés comme suit :
En M1 (2 semestres) : 8 UE obligatoires et 1 UE optionnelle :
- UE1 : fondamentaux de la gestion (management stratégique, pilotage de performance, management des systèmes d'information) ;
- UE2 : communication et méthodologie (communiquer à l'écrit et à l'oral, anglais, travail d'études/recherche pour le mémoire) ;
- UE3 : marketing (politique prix-produit, recherche et études qualitatives, recherche et études quantitatives) ;
- UE4 (optionnelle) : innovation design et luxe (culture générale du secteur du luxe, management de projet) ;
- UE5 : fondamentaux de la gestion et anglais (comportement humain dans les organisations, anglais) ;
- UE6 : marketing (communication, distribution, comportement du consommateur) ;
- UE7 : marketing et management (management de la qualité, management de l'innovation, recherche et études qualitatives) ;
- UE8 : travail d'étude et de recherche (mémoire) ;
- UE9 : stage.

En M2 (2 semestres) : 8 UE obligatoires :
- UE1 : marketing (marketing du luxe, travaux de groupe, merchandising du luxe) ;
- UE2 : stratégie (management stratégique du luxe, travaux de groupe, communication et digital) ;
- UE3 : approche socioculturelle du luxe (sociologie de la consommation de luxe, histoire des produits de luxe) ;
- UE4 : enseignements professionnels (anglais du luxe, RH et animation d'équipe, méthodologie de recherche) ;

- UE5 : gestion et innovation (management innovation en luxe, travaux de groupe en innovation, outils de gestion, RSE et développement durable) ;
- UE6 : design (design et web design, conférences) ;
- UE7 : approfondissement du luxe (distribution du luxe, études et recherches qualitatives, *International Issues in Luxury Management*) ;
- UE8 : stage ou apprentissage (développement à l'international ; méthodologie et mémoire professionnel).

DES PROMOTIONS EN OR

Chaque année, le master luxe est parrainé par un industriel :

- 1992-1993 : promotion Nina Ricci ;
- 1993-1994 : promotion Garouste & Bonetti ;
- 1994-1995 : promotion Dior ;
- 1995-1996 : promotion Hermès ;
- 1996-1997 : promotion Boucheron ;
- 1997-1998 : promotion Guerlain ;
- 1998-1999 : promotion Hotel Ritz ;
- 1999-2000 : promotion Givenchy ;
- 2000-2001 : promotion Alain Ducasse ;
- 2001-2002 : promotion Cartier ;
- 2002-2003 : promotion Château Cheval blanc ;
- 2003-2004 : promotion Bernardaud ;
- 2004-2005 : promotion Lucien Barrière ;
- 2005-2006 : promotion Van Cleef & Arpels ;
- 2006-2007 : promotion Moët Hennessy Wine Estates ;
- 2007-2008 : promotion International Flavors and Fragrances ;
- 2008-2009 : promotion Groupe Marie-Claire ;
- 2009-2010 : promotion Mellerio dit Meller ;
- 2010-2011 : promotion Shiseido ;
- 2011-2012 : promotion Shangri La ;
- 2012-2013 : promotion Christofle ;
- 2013-2014 : promotion Louis Vuitton ;
- 2014-2015 : promotion Maison Veuve Clicquot ;
- 2015-2016 : promotion Sisley ;
- 2016-2017 : promotion Le Bon Marché – Rive Gauche ;
- 2017-2018 : promotion Guerlain Paris ;
- 2018-2019 : promotion Pierre Hermé ;
- 2019-2020 : promotion Hermès.

Master mode parcours métiers de la mode et du textile

La première année du master mode parcours métiers de la mode et du textile, proposé par Aix-Marseille Université, reprend, en les adaptant au secteur de la mode, certaines disciplines des sciences de gestion. L'accent est également mis sur la culture historique et artistique. Comme le précise l'université, *« ce master métiers de la mode et du textile a pour objectif de former des étudiants de haut niveau capables d'être opérationnels dans le secteur spécifique de la mode et dans les fonctions d'encadrement des différents services (marketing, distribution, achat, sourcing…). Ce secteur requiert des connaissances poussées dans les domaines du commercial, du marketing, des achats, de la production, de la logistique, et des connaissances spécifiques sur les matériaux textiles, la coupe et la conception du produit, ainsi que l'histoire des produits de mode ».*
L'étudiant est formé à l'ensemble des matières qui existent dans le management des produits de mode (techniques de l'élaboration d'une collection, marketing de la mode, *Supply Chain*, mission et rôle des achats dans l'entreprise…) et à la gestion d'entreprise (comptabilité, finance PAO, droit). Certains cours sont dispensés en anglais.
En master 2, les enseignements sont : applications techniques des textiles, commerce et distribution, mode éthique et environnement, marché international, mise en situation professionnelle et jeux d'entreprise.
Le dernier semestre est consacré au stage, effectué dans le domaine dans lequel le futur étudiant souhaite travailler à la fin de son master, et au mémoire professionnel.

4 – LA MODE DANS UNE GRANDE ÉCOLE

LES GRANDES ÉCOLES PUBLIQUES

L'ENSAD

Reconnue par l'État, l'École nationale supérieure des arts décoratifs offre un cursus sur cinq ans, divisé en deux blocs (3 ans puis 2 ans) : les trois premières années s'organisent autour de l'acquisition des bases et des fondamentaux, ainsi que l'initiation au projet. Les deux dernières années sont consacrées à l'approfondissement, au développement du projet et à l'initiation à la recherche.

- La première année est commune à l'ensemble des élèves de l'école.
- Le choix de la spécialisation se fait en deuxième année, dans l'un des dix secteurs de l'école : architecture intérieure, art-espace, cinéma d'animation, design objet, design graphique/multimédia, design textile et matière, design vêtement, image imprimée, photo/vidéo, scénographie.
- La quatrième année est consacrée à l'écriture d'un mémoire et à la mobilité à l'étranger (optionnel).
- Durant la cinquième année, les étudiants terminent leur projet de diplôme.

La formation comprend également un stage de trois mois minimum obligatoire à effectuer en cours de cursus.

Le secteur du **design textile et matière** forme des concepteurs textiles et vise à développer la créativité et l'innovation. Les compétences acquises s'exercent dans les domaines des textiles, des matières et des surfaces destinés à l'habitat, au vêtement, à l'objet et aux équipements collectifs. Les enseignements spécifiques au secteur sont les suivants : matière, texture, textile ; graphisme et textile ; couleur et textile ; structures et textures (maille, tissage) ; initiation à l'espace imprimé ; nouveaux processus de création ; graphisme et mise en pages ; infographie textile.

En jouant l'alternance entre cours théoriques et cours pratiques, le programme pédagogique du secteur **design vêtement** vise de façon méthodique et sensible à la maîtrise des processus de conception et de réalisation dans les domaines du design de vêtement, de la mode, du costume et de l'accessoire. Les cours spécifiques au secteur sont les tendances « mode et vêtements », le patronage et le modélisme, les accessoires, les nouvelles matières et la création vestimentaire.

Le concours d'entrée en première année est ouvert à tous les candidats qui justifient au moment de leur admission du baccalauréat ou d'un titre français ou étranger admis en équivalence. Ceux-ci doivent être âgés de 25 ans au plus au 31 décembre de l'année d'inscription.
L'épreuve de présélection est réalisée à domicile et vise à apprécier le potentiel de réflexion et de création des candidats. Le sujet de l'épreuve est disponible sur Internet. L'admissibilité comprend une épreuve orale qui porte sur l'épreuve de création et sur les motivations du candidat. L'épreuve d'admission comprend une épreuve écrite d'analyse et de réflexion à partir d'une image, une épreuve de création sur table et un entretien avec le jury en rapport avec l'épreuve de création sur table.
Il existe également des concours d'entrée en deuxième et quatrième années.

À noter : en 2019, 2 135 candidats étaient inscrits au concours de première année. 79 d'entre eux ont été admis.

Les **frais de scolarité** sont de 438 euros par an.

► **Contact :** ENSAD. 31, rue d'Ulm, 75240 Paris cedex 05.
Tél. : 01 42 34 97 00. E-mail : info@ensad.fr ; Internet : www.ensad.fr

L'ENSCI (Les Ateliers)

Depuis sa création, en 1982, l'École nationale supérieure de création industrielle (ENSCI) forme des créateurs en design industriel et en design textile. La durée des études varie selon le niveau du candidat. Elle est de cinq ans pour les bacheliers, de quatre ans pour les diplômés bac + 2 et de trois ans pour les titulaires d'un bac + 4. Le diplôme de créateur industriel délivré par l'ENSCI est reconnu par l'État au grade de master.

La formation design textile à l'ENSCI Design textile

Le concours est ouvert aux titulaires d'un baccalauréat, d'un diplôme du premier cycle de l'enseignement supérieur (BTS et DUT en arts appliqués ; DMA ; DN MADE), aux titulaires d'un diplôme de fin de second cycle de l'enseignement supérieur (DNSAP de l'École nationale supérieure des beaux-arts, DNSEP, diplôme de l'École nationale des arts décoratifs, d'un des diplômes supérieurs d'arts appliqués).
Nombre de places ouvertes au concours design textile en 2019 : 10.

L'ENSCI propose une formation en quatre ans qui prépare au diplôme de designer textile. La première année est consacrée à l'étude des matériaux et aux processus de fabrication textile, la deuxième année à la réalisation de créations destinées à la mode et à l'environnement maison, au design produit à travers des ateliers de projet. Les troisième et quatrième années sont réservées à la préparation du diplôme, à un stage de longue durée en entreprise (6 mois), à un séjour dans une école étrangère.

► **Contact :** ENSCI. 48, rue Saint-Sabin, 75011 Paris.
Tél. : 01 49 23 12 12. Internet : www.ensci.com

L'ESAA Duperré

L'École supérieure des arts appliqués Duperré propose quatre types de formation en relation avec le monde de la mode.

• Quatre mentions du DN MADE (diplôme national des métiers d'art et du design) : **espace, graphisme, matériaux et mode** qui se déclinent en parcours diversifiés et qualifiés. À titre d'exemple, la mention mode offre trois parcours :
- collection vêtements et accessoires : forme des stylistes et des créateurs professionnels de la mode capables de concevoir, prototyper et développer une collection de produits innovants ;
- savoir-faire, luxe et innovation : forme des artisans designers, créateurs et professionnels capables d'interroger les procédés artisanaux traditionnels : broderie, tissage, maille, impression ;
- stylisme, image, médiatisation : forme des stylistes capables de travailler avec l'industrie et le système de la mode, en pensant les

développements marketing, les stratégies de communication et les modes de diffusion appliqués à la sphère médiatique et économique.

• Deux licences professionnelles :
- La **licence professionnelle métiers de la mode** dont les titulaires auront pour mission la conception et la création de produits relevant du design de mode (vêtements, accessoires), du design textile (matériaux de surface, couleurs) et de la communication de mode. Elle est ouverte aux titulaires d'un diplôme de niveau III des arts appliqués ou aux étudiants issus d'une formation artistique ou marketing universitaire et se déroule sous la responsabilité pédagogique de l'université Paris-Est Marne-la-Vallée, en partenariat avec la Fédération française du prêt-à-porter féminin.
Nombre de places offertes : 25.

- La **licence professionnelle conception de costumes de scène et d'écran**, proposée par l'Institut d'études théâtrales de l'université de la Sorbonne-Nouvelle-Paris III, UFR Arts et Médias, en partenariat avec le lycée Paul Poiret-Métiers de la mode et du spectacle, et l'école Duperré, permet d'alterner le travail de conception avec des ateliers portant sur la recherche et l'élaboration d'un projet créatif. Un stage de 350 heures en milieu professionnel est également obligatoire.

• Un **DSAA (diplôme supérieur d'arts appliqués) mode – majeure mode et environnement**, qui vise à former des concepteurs susceptibles d'occuper des postes à hautes responsabilités dans les domaines de la mode et de l'environnement (vêtements, accessoires, maison, spectacle, etc.). Sur deux ans également, cette formation est accessible aux candidats titulaires d'un diplôme de niveau III des arts appliqués après examen du dossier scolaire, d'un dossier de « création » et entretien individuel.
Nombre de places offertes : 24.
À noter : une majeure image média éditorial est également proposée.

• Un **master 2 mode et industries créatives** proposé par l'école Duperré, l'université Sorbonne-Nouvelle-Paris III et le CFA Formasup Paris ; en alternance, qui permet aux étudiants d'intégrer des studios de création.

▶ **Contact :** École Duperré. 11, rue Dupetit-Thouars, 75003 Paris. Tél. : 01 42 78 59 09. Internet : https://duperre.org

La Fabrique, École des métiers de la mode et de la décoration

Chantal Fouqué est directrice de La Fabrique, l'École des métiers de la mode et de la décoration. Elle nous présente son école :
« La Fabrique est l'École française des métiers techniques de la mode et de la décoration de la CCI de Paris-Île-de-France. Lancée fin 2013, La Fabrique est la "cité des savoir-faire" *au service des métiers techniques de la création ; elle est issue du regroupement de trois écoles unanimement reconnues : L'ESIV, Les Ateliers Grégoire et Novancia/IFA-A Chauvin. Sa mission est de former et de garantir un avenir pour les futurs professionnels d'exception des métiers techniques de la mode, de la décoration intérieure et du merchandising, dans l'univers du luxe. On y rentre après un bac + 2 avec une formation technique du type BTS métiers de la mode ou après un bac + 3 (tous types de diplômes). L'entrée se fait sur dossier, entretien et test dans les deux cas. »*

La formation aux métiers du secteur de la mode et de l'industrie textile habillement (ex-ESIV) repose sur l'acquisition de compétences multiples spécifiques au secteur.
« Grâce aux rapports étroits que nous entretenons avec les fédérations professionnelles, nos anciens élèves et de très nombreuses entreprises, nous sommes en mesure de fournir un stage à nos étudiants. À ce titre, tous nos élèves de troisième année étaient placés en apprentissage dès la rentrée. Nous avons même eu des offres que nous n'avons pas pu pourvoir. En première année, les stages à l'international ont été pourvus grâce au réseau de l'école. »

Le programme pédagogique de première année du **mastère manager développeur produit de la mode et de l'habillement** (entrée à bac + 3) comporte les enseignements suivants : technologie des matières, modélisme, techniques de fabrication, gestion de production, *sourcing* collaboratif, marketing. La deuxième année est axée sur la mode écoresponsable, le collectioning (chaussures, maroquinerie ou lingerie), le *sourcing* international, le management, un projet industriel, un projet de fin d'études et le merchandise planning.

« Le programme mode de La Fabrique est celui de l'ancienne École supérieure des industries du vêtement (ESIV), créée en 1945. Il forme à une double compétence technique et managériale et permet de devenir expert international de la production, des achats et du développement produit mode habillement. Le programme pédagogique est fondé sur un fort bagage technique (CAO, fabrication grâce à des ateliers équipés des dernières machines et logiciels utilisées par l'industrie mode habillement) et sur toutes les nouvelles techniques et technologies au travers d'un FabLab interne à l'école (impression 3D, découpe laser…), car l'école forme au processus d'industrialisation d'une collection mode, depuis le dessin du styliste jusqu'à l'arrivée en magasin. »

Les étudiants sortent de l'école avec le **titre de manager-développeur produit de la mode et de l'habillement** (niveau bac + 5).

« Les effectifs sont de 15 en équivalent L3 et de 50 dans chacune des années bac + 4 et 5. Le taux de réussite au diplôme varie entre 92 et 100 % selon les années, et le taux d'insertion professionnelle à 7 mois après la sortie était de 96,6 % en 2019. L'insertion professionnelle est donc garantie. À la sortie de l'école, les jeunes diplômés occupent majoritairement des postes de responsable production, responsable qualité, acheteur, sourceur, chef de produit… »

Les **frais de scolarité** sont de 9 500 euros.

► **Contact :** La Fabrique – École des métiers de la mode et de la décoration. 8, avenue de la Porte-de-Champerret, 75017 Paris. Tél. : 01 55 65 52 35. Internet : www.lafabrique-ecole.fr

LES GRANDES ÉCOLES PRIVÉES

On compte en France une cinquantaine d'écoles de stylisme. La plupart de ces établissements sont privés. Nous vous indiquons ici quelques-unes des plus importantes, soit par leur nombre d'étudiants, soit par le prestige dont elles jouissent auprès des professionnels.

AVANT TOUT, SE POSER LES BONNES QUESTIONS

Vous trouverez dans cette partie les coordonnées de nombreuses écoles, certaines plus célèbres que d'autres. Quelques-unes, quoique fort discrètes d'un point de vue médiatique, n'en sont pas moins sérieuses. Ne vous fiez pas uniquement aux plaquettes dont la conception a été savamment étudiée : dites-vous qu'elles sont financées par vos frais de scolarité ! Quant aux noms prestigieux de leurs collaborateurs, là encore ne soyez pas dupes : même si ce n'est pas le cas de la grande majorité, certains professionnels peu scrupuleux monnayent leur renommée pour soutenir les écoles qu'ils parrainent. Le meilleur moyen est de vous fier au bouche-à-oreille. Voici donc quelques conseils :

- allez aux journées portes ouvertes afin de rencontrer les étudiants, même s'il est peu probable qu'aucun se hasarde à critiquer son établissement ;
- consultez leurs brochures : renseignez-vous non seulement sur les frais de scolarité (échelonnement des paiements, remboursement éventuel en cas d'annulation, et si oui, dans quels cas précis, processus des redoublements, etc.) mais surtout sur les frais annexes (frais de dossier, coûts des fournitures, voyages qui ne seraient pas pris en charge) ;
- renseignez-vous sur leurs équipements. Certaines structures trop petites, ou trop peu fortunées, vous feront travailler avec du matériel obsolète qui ne vous préparera absolument pas au marché du travail ;
- préoccupez-vous du déroulement des stages. Ont-ils un bureau dont la seule mission est de vous aider à trouver des terrains de stage ? Aurez-vous un interlocuteur durant son déroulement ? Devrez-vous trouver vous-même votre stage ? Ces stages s'effectuent-ils chez des professionnels sérieux et réputés ? ;
- voyez si l'école entretient des relations avec ses anciens élèves. La constitution d'un annuaire est souvent un gage de sérieux et de transparence. Une école de mode doit vous permettre de décrocher un travail ; les plus compétentes vous accompagneront après l'obtention de votre diplôme jusqu'à ce que vous puissiez voler de vos propres ailes, les autres vous laisseront disparaître dans la nature ! ;
- voyez enfin quelles relations entretient l'école avec les professionnels. Dispose-t-elle d'invitations aux salons ? Les enseignants qu'elle recrute sont-ils eux aussi des professionnels ? Une école ne peut pas se permettre d'être déconnectée du monde du travail…

L'Atelier Chardon Savard

Situé à Paris et à Nantes, l'atelier Chardon Savard a été fondé en 1988 par Dominique Savard (qui a suivi des études à Duperré et poursuivi une carrière de styliste free-lance) et Cyrille Chardon (ancien producteur de cinéma). Elle jouit d'une image favorable auprès des professionnels.

Plusieurs formations y sont dispensées :

• une formation **designer de mode** de trois ans (suivie d'un an de professionnalisation) sur entretien pour les étudiants en formation styliste de mode à l'Atelier Paris ou Nantes, ou sur dossier et entretien pour les étudiants issus d'un autre établissement. Elle permet l'analyse des signes, des codes culturels, des réseaux de références, la collection élaborée tout au long de l'année est présentée en défilé devant un jury composé de professionnel en fin de cursus. La troisième année est une année de spécialisation en modélisme chaîne et trame ; modélisme maille et textile ; tendances ou accessoires ;

• une formation de responsable **communication de mode** qui prépare en deux ans (dont une année de professionnalisation comprenant huit mois de stage) des responsables de projets maîtrisant les stratégies, les outils, les réseaux (en particulier les réseaux sociaux), les supports de communication propres à la mode. Prérequis : bac + 1 ou 2 en communication, mode, graphisme, architecture ou arts appliqués ;

• une formation de conseil en style et en image d'un an (dont trois mois de stage) dont l'objectif est de former les élèves au stylisme (proportions, matières, couleurs, associations) et à la mise en beauté (maquillage, coiffure), et de leur permettre d'acquérir une solide culture de la mode et de ses codes, des connaissances sur la création et la promotion d'entreprise, le marketing et la communication, ainsi que les réseaux sociaux. L'admission est réservée aux titulaires d'un bac + 1 minimum (ou expérience professionnelle) dans le domaine de la mode, de la photographie, de l'esthétique ou encore de la vente ;

• un diplôme de créateur de mode enregistré au RNCP de niveau I. L'entrée se fait à bac + 3 et la formation dure 2 ans (dont une année de professionnalisation comprenant 6 mois de stage minimum). Les élèves sont préparés aux compétences d'un créateur de mode indépendant ou d'un directeur artistique (développement et pilotage) : définition d'un concept innovant, créatif et pertinent au regard du secteur choisi (prêt-à-porter ; luxe ; haute couture ; homme ou femme) ; réalisation de modèles ; organisation de défilés (casting, coiffure, maquillage, stylisme, musique...) ; élaboration d'un book professionnel et mise en place du business modèle d'une marque. L'admission se fait sur examen d'un dossier de style et la présentation de vêtements chaîne et trame et/ou de pièces réalisées en maille.

Les **frais de scolarité** sont de 8 100 euros pour la première année de la formation de styliste de mode (8 100 euros pour la deuxième et 4 300 euros la troisième année).
Les frais sont de 9 700 euros pour la formation de responsable de communication de mode en première année et de 8 200 euros la deuxième.
La formation de créateur de marque dans la mode coûte 10 500 euros la première année et 2 000 euros la deuxième.
Les frais pour la formation de designer de mode sont de 9 300 euros par an pour les trois premières années et de 960 euros en quatrième année.

▶ **Contacts :** Atelier Chardon Savard.
- 15, rue Gambey, 75011 Paris. Tél. : 01 43 14 02 22.
- 31-33, rue Saint Léonard, 44000 Nantes. Tél. : 02 51 89 40 65.
- Internet : www.atelier-chardon-savard.com

Créapôle

Cette école propose de nombreuses formations en communication visuelle, design, architecture d'intérieur, mode, etc. L'approche du secteur du vêtement est progressive et vous conduit en cinq ans au diplôme de créateur-concepteur de mode (bac + 5) :
- la **première année** est une année de mise à niveau générale, spécialisée, internationale ou numérique, enseignant les techniques de dessin et d'infographie. À la fin de l'année préparatoire, vous choisissez une spécialisation ;
- c'est donc en **deuxième année** que vous choisirez votre spécialisation en stylisme mode et modélisme avec des enseignements en design textile, patronnage, illustration de mode, créativité, stylisme de mode classique ou *Active & Street* (au choix), etc. ;

• la **troisième année** est consacrée à l'obtention du bachelor en stylisme mode et modélisme et au stage en entreprise (3 mois) ;
• l'objectif des **quatrième et cinquième années** est d'être capable de gérer la dimension artistique et créative d'un projet complet face à un client ou de créer sa marque ou son entreprise.

Admission : bac, niveau bac ou équivalent et entretien (présentation de travaux personnels).

Les **frais de scolarité** sont de 7 250 euros pour la première année.

À noter : Créapôle propose également des cours du soir.

► **Contact :** Créapôle. 128, rue de Rivoli, 75001 Paris.
Tél. : 01 44 88 20 20. Internet : www.creapole.fr

L'École supérieure d'art Françoise Conte

Issue de l'École Fleuri Delaporte et de l'Atelier Neufville Conte, l'École supérieure d'art Françoise Conte est spécialisée depuis 1949 dans la création textile et la mode. Établissement d'enseignement supérieur privé, l'école propose des formations créatives et professionnelles tournées vers les besoins des entreprises des secteurs de la mode, du luxe et du textile.

L'école propose trois parcours de niveau licence (stylisme de mode ; marketing du luxe ; design textile et mode) et un programme de niveau master : management du luxe et de la mode, en formation initiale ou en alternance.

L'enseignement en **design textile et mode** forme, comme son nom l'indique, des créateurs textiles. D'une durée de trois ans (six semestres), la formation délivre des cours de design textile, couleur textile, infographie, modèle vivant, expression plastique, histoire du textile et de la mode, prototypage. Elle est accessible aux titulaires du baccalauréat.

L'enseignement en **stylisme de mode** comprend, quant à lui, des cours de stylisme, accessoires, couleur textile, histoire de la mode, technologie des matières, infographie, maille et anglais technique.

La formation en **marketing du luxe** repose sur une double approche créative et managériale avec des enseignements spécialisés orientés vers l'international : marketing appliqué au secteur du luxe et de la mode ; communication appliquée au secteur du luxe et de la mode ; stratégie de communication internationale du luxe ; web et *community management* ; philosophie de l'économie et des affaires ; management d'une équipe ; management interculturel ; création d'entreprise dans le secteur luxe et mode ; anglais spécifique ; etc.

Enfin, le **master international management du luxe et de la mode**, d'une durée de deux ans (avec des cours, la rédaction d'une thèse, des voyages d'études à Milan et à Londres et un semestre de stage à New York), dispense des enseignements en stylisme, création éthique, gestion de start-up, modélisme, communication créative, création connectée… Il s'agit d'un programme qui complète les enseignements managériaux par des cours de style et de dessin. Ainsi, les élèves acquièrent non seulement une connaissance approfondie du secteur et de ses métiers mais aussi un vrai savoir-faire créatif.

Les **frais de scolarité** sont de 7 900 euros par an pour les formations à bac + 3 et de 6 000 euros par an pour le master.

▶ **Contact :** École Conte. Grande Arche, 1, parvis de la Défense, 92044 Paris – La Défense. Tél. : 01 43 07 04 13.
Internet : www.ecole-conte.com

L'École de Condé

L'École de Condé, présente à Paris, Nancy, Lyon, Bordeaux, Marseille, Toulouse et Nice, peut se targuer de jouir d'une réputation sérieuse aux yeux des professionnels.

Les écoles de Lyon, Paris, Nancy, Nice et Bordeaux proposent le **bachelor design de mode-stylisme**, qui dispense :

• un enseignement général : culture générale, anglais, langue vivante 2 en option (espagnol, italien), science du textile, histoire de l'art, du design et de la mode, management de l'activité, technologie textile ;

• un enseignement de conception/création : expression plastique, atelier de conception textile, construction du vêtement, création textile, outils numériques de conception.

Des stages sont à effectuer entre la première et la deuxième année pendant 8 à 12 semaines.

Un projet personnel tutoré est également obligatoire ainsi que des workshops thématiques (photo, défilé, etc.) d'une durée de 4 semaines.

Vous devez être titulaire d'un baccalauréat et pouvoir justifier d'une année de formation (60 crédits ECTS) supérieure artistique.

Les **tarifs annuels** sont de 8 350 euros à Paris, 7 350 euros à Lyon, 7 000 euros à Nancy, Nice et Bordeaux.

► **Contact :** https://ecoles-conde.com, pour les adresses, reportez-vous à la partie V de ce guide.

L'Institut français de la mode

L'École de la Chambre syndicale de la couture parisienne (ECSCP) et l'IFM ont fusionné en janvier 2019 pour devenir l'Institut français de la mode.

L'Institut français de la mode propose :

• un **bachelor en stylisme et modélisme (bac + 3)** ouvert aux titulaires d'un baccalauréat. Le recrutement s'effectue sur dossier scolaire, dossier de travaux personnels, lettre de motivation et entretien individuel ;

• un **cycle intensif en modélisme et stylisme** d'une durée d'un an ouvert aux étudiants ayant terminé un cycle d'études supérieures dans le domaine du vêtement/mode et voulant se perfectionner dans le champ d'activité lié à la conception du vêtement ;

• un **mastère spécialisé management de la mode & du luxe** (homologué par l'État au niveau I) préparant aux fonctions liées au management de la création, à la conception de l'offre et à la gestion de la marque. L'année scolaire s'échelonne sur 16 mois. Un socle commun d'enseignements porte sur les fondamentaux des secteurs mode, luxe, design, parfums et cosmétiques. Dans un second temps, chaque étudiant compose un parcours individuel et se spécialise dans l'une ou l'autre des fonctions suivantes : construction et gestion de l'offre ; gestion de la marque et communication ; gestion de la distribution ou encore entrepreneuriat. Le cursus s'achève par une mission en entreprise de six mois ;
• des contrats de professionnalisation et d'apprentissage préparant à différents CAP (vêtement flou, vêtement tailleur, mode et chapellerie) et BP (vêtement sur mesure flou, tailleur dame et tailleur homme), ainsi que des formations de savoir-faire/couture ou modéliste (niveau bac pro) et vente de produits de luxe (niveau BTS) en contrat de professionnalisation ;
• un centre de formation professionnelle continue permet aux professionnels d'acquérir ou d'approfondir leurs connaissances ; des stages sont organisés pour les professionnels des secteurs concernés ;
• des cours d'été stylisme et modélisme pour tous niveaux ;
• un ***Global Fashion Management Executive MBA*** ayant pour vocation de préparer *« des cadres à fort potentiel à exercer des responsabilités managériales de haut niveau dans les secteurs de la mode et des industries créatives »* ;
• un ***MSc in International Fashion & Luxury Management*** aux étudiants titulaires d'un bachelor.

► **Contacts :** Institut français de la mode.
• Campus Réaumur. 119, rue Réaumur, 75002 Paris.
Tél. : 01 42 61 00 77.
• Campus Austerlitz. 36 quai d'Austerlitz, 75013 Paris.
Tél. : 01 70 38 89 89.
• Internet : www.ifmparis.fr

L'ESIMODE

Créée en 1981, l'École supérieure internationale de la mode fait partie intégrante du Groupement des industries de l'habillement (GIH).

ESIMODE propose différentes formations en création de mode et management de la mode au sein de son établissement situé à Toulouse.

• Le titre de modélisme artistique

En trois ans, cette formation, ouverte aux titulaires du bac, forme des modélistes prêt-à-porter, industriel, artistique et des costumières. Elle est centrée sur la maîtrise du produit dans sa conception et dans sa réalisation, intégralement réalisée à l'école par l'équipe pédagogique avec les moyens techniques mis à disposition. Un renforcement des connaissances en stage d'application en entreprise. En fin de troisième année, elle est centrée sur la préparation d'une collection et du mémoire de production, tout en poursuivant l'approfondissement des connaissances à l'école. Ce projet permet ainsi de finaliser la formation.

Frais de scolarité : 5 800 euros par an.

• Le titre de créateur design de mode

Cette formation d'une durée de quatre ans et ouverte aux bacheliers vise à préparer l'étudiant aux fonctions de création et design pour le secteur de la mode dans les domaines de la création textile, de la création des vêtements, des accessoires de mode et de la présentation du produit.

Frais de scolarité : 5 800 euros par an.

• Le titre de management marketing de la mode (équivalent master 1)

Il est délivré à l'issue d'un cursus de deux années et a pour objectif de préparer l'étudiant à l'exercice de la fonction d'encadrement et d'animation. L'accès à cette formation se fait sur examen de dossier et entretien, pour les étudiants titulaires d'un bac + 2. Pour cette formation la maîtrise de l'anglais est impérative.

Frais de scolarité : 5 800 euros par an.

• Le BTS technico-commercial produits mode et sport

Ce BTS est délivré à l'issue de deux années d'études après le baccalauréat et a pour fonction de former l'étudiant dans la vente de biens et services dans le secteur de la mode.

L'admission se fait sur dossier et entretien. La pratique de l'anglais est obligatoire.

Frais de scolarité : 5 400 euros par an.

► **Contact :** École supérieure internationale de la mode. 54, rue du Pech, 31100 Toulouse. Tél. : 05 62 71 65 40.
Internet : www.esimode.fr

L'ESMOD

Il s'agit là de la plus ancienne école de mode du monde puisqu'elle a été fondée en 1841 par Alexis Lavigne, maître tailleur. Il créa les premiers cours de coupe et inventa des outils utilisés aujourd'hui encore dans toutes les entreprises : le mètre ruban et le buste mannequin. Aujourd'hui, l'École supérieure des arts et techniques de la mode est largement reconnue et bénéficie de plusieurs implantations : Bordeaux, Lyon, Paris, Rennes et Roubaix.

Le cursus **Fashion Design et Création (diplôme de styliste designer mode)**, axé sur l'enseignement du stylisme et du modélisme, s'organise de la manière suivante :

• **première année :** apprentissage des techniques de base de figurine de mode et personnalisation de la silhouette, cours de couleur, dossier de style jupe, chemisier, robe pour le stylisme ; découverte des techniques de patronage en coupe à plat et de moulage des jupes, chemisiers et robes, réalisation de modèles en toile et en tissu, formation à la gradation ;

• **deuxième année** : développement de l'univers personnel de l'élève et appropriation des techniques de réalisation. L'étudiant apprend à réaliser un pantalon femme, une veste et un tailleur, en prêt-à-porter et en casualwear ;

• en **troisième année**, ESMOD propose un large choix de spécialisations en fonction des demandes du marché : créateur luxe, nouvelle couture traditionnelle, prêt-à-porter femme, prêt-à-porter femme maille, prêt-à-porter homme, mode enfantine, accessoires,

création scénique, lingerie. Au programme : découverte de la spécialisation et du secteur spécifique du marché, développement de l'univers créatif personnel, gestion d'un projet personnel de collection (conception de l'image, du marketing et de la communication). En fin d'année, vous présenterez votre projet de collection devant un jury de professionnels.
Au cours de ces trois années, les élèves suivent un tronc commun en culture générale (histoire et psychosociologie de la mode, marketing, anglais professionnel).
Les stages en entreprise sont obligatoires et font partie intégrante des programmes.

Admission en formation initiale : les étudiants doivent avoir 17 ans au minimum et être titulaires du baccalauréat ou diplôme équivalent. Les candidats sont admis après un entretien et sur test d'évaluation.

Frais de scolarité : 10 900 euros par an. Les étudiants en modélisme doivent en outre s'équiper d'une machine à coudre familiale pour les travaux à la maison.

À noter : l'école propose également une formation courte en cours du soir ou cours d'été et une formation accélérée pour les professionnels qui souhaiteraient se perfectionner, ainsi qu'un cursus en *Fashion Business* délivrant, en trois ans, un titre de responsable de stratégie commerciale et communication mode, enregistré niveau II au RNCP.

► **Contact :** www.esmod.com, vous trouverez toutes les coordonnées d'ESMOD dans le carnet d'adresses, en fin d'ouvrage.

FORMAMOD

L'Institut de formation professionnelle des arts de la mode propose une formation complète **stylisme-modélisme** sur trois ans. Au programme : stylisme (dessin de mode) ; moulage (toile au mannequin) ; patronage (coupe à plat et gradation), montage de vêtements ; modélisme sur informatique ; stylisme sur informatique ; histoire et culture de la mode luxe ; marketing du luxe et anglais de la mode ; réalisation d'une collection personnelle…
Un an de stage réparti sur les trois années de formation est également prévu.

À noter : certains cours sont dispensés en anglais.

L'obtention du diplôme (certification de niveau III ; titre « styliste-modéliste », enregistré au RNCP) est soumise à la soutenance orale d'un projet fondé sur une collection personnelle, face à un jury de professionnels de la mode.

FORMAMOD accueille des titulaires du baccalauréat munis d'un projet professionnel dans le secteur de la mode, ayant une bonne maîtrise des outils informatiques. La sélection s'effectue sur dossier, tests de culture générale et artistique et entretien de motivation.

Les **frais de scolarité** sont de 10 500 euros par an pour les deux premières années et 7 000 euros pour la troisième année.

Par ailleurs, l'établissement offre des formations en un an de :
- créateur de mode en lingerie-corseterie ;
- modéliste prêt-à-porter femme ;
- bachelor marketing de la mode et du luxe ;
- fabriquant de vêtements sur mesure.

▶ **Contact :** FORMAMOD. 15/27, rue Moussorgski, 75018 Paris.
Tél. : 01 43 67 16 17. Internet : www.formamod.com

L'IBSM

Ouvert en 1988, l'Institut bordelais de stylisme modélisme prépare aux métiers du stylisme et du modélisme.

Différents diplômes peuvent être suivis au sein de l'IBSM :
- bachelor en stylisme-modélisme (en trois ans) ;
- spécialisation en un an : création et développement de collection ;
- mastère marketing et management de la mode et du luxe (admission à bac + 3) ;
- modules de formation à suivre soit pendant les vacances scolaires, soit sur l'année scolaire en fonction de votre emploi du temps en création textile, base de stylisme-dessin de mode, apprentissage de la machine à coudre, Illustrator, Photoshop, arts plastiques, base de coupe à plat-couture, modélisme-coupe à plat.

Frais de scolarité : 7 500 euros par an.

► **Contact :** IBSM. 11, place des Quinconces, 33000 Bordeaux. Tél. : 05 56 79 28 79. Internet : www.ibsm-mode.com

L'IICC

Fondé en 1961, l'Institut international de création et de coupe offre une formation diplômante **styliste modéliste** de niveau III.

Les études sont organisées sur trois ans et suivies d'un stage en entreprise :
- première année : acquisition des bases artistiques et techniques en culture artistique, stylisme et modélisme ;
- deuxième année : culture artistique, stylisme, modélisme et infographie ;
- troisième année : bureau de style, atelier, entreprise de mode et son environnement, marketing, *sourcing* et préparation d'un défilé.

Tous les bacheliers peuvent envoyer leur dossier de candidature et les candidats retenus devront passer un entretien de motivation.

Frais de scolarité : 7 700 euros la première année, 7 900 euros la deuxième année et 8 100 euros la dernière année (possibilité de prêt étudiant).

► **Contact :** IICC. 2, boulevard de la Libération, 13001 Marseille. Tél. : 04 91 47 21 22. Internet : www.iiccmode.com

L'Institut Colbert

Basé à Cholet, l'Institut Colbert se trouve au cœur du centre des affaires de la mode et de l'industrie. C'est aussi le premier centre français de formation supérieure en chaussure-habillement. L'Institut Colbert est rattaché au département « Management, innovation, prospective » du Conservatoire national des arts et métiers (CNAM).

Vous pourrez suivre ici une formation de styliste-modéliste chaussures accessible aux titulaires d'un bac + 2 (recrutement sur dossier et entretien).

L'objectif du **CQP styliste modéliste chaussures** est d'acquérir les connaissances nécessaires au métier de styliste modéliste chaussures : tendances, stylisme, dessin, infographie, modélisme, réalisation de prototypes.
Seuls 15 élèves sont accueillis chaque année.

► **Contact :** Institut Colbert. Campus choletais. Boulevard Pierre-Lecoq, BP 207, 49302 Cholet. Tél. : 02 41 66 05 25.
Internet : www.cnam-paysdelaloire.fr/institut-colbert-878321.kjsp

L'Institut supérieur de marketing du luxe/Sup de Luxe

Créé par Cartier en 1990, l'Institut supérieur de marketing du luxe propose le **MBA spécialisé *Luxury Brand Marketing and International Management*** en deux ans. Accessible aux titulaires d'un bac + 3 ou aux professionnels, la formation dure d'octobre à juin en cours du soir.

L'enseignement comporte des cours de stratégie (géopolitique, stratégies concurrentielles dans l'industrie du luxe, identité et communication, analyse des tendances et management de la créativité) ; de marketing et communication (marketing, spécificités de la communication dans le luxe, digital) ; de management et gestion (démarche qualité, distribution et logistique, commerce international, vente, gestion-finance, droit, éthique et gouvernance) ; de culture générale (histoire du luxe) et coaching (préparation aux entretiens d'embauche).

L'admission se déroule en deux étapes : une étape de présélection à partir du dossier de candidature et une convocation à un entretien individuel avec un jury de professionnels du secteur.

Les **frais de scolarité** sont de 14 500 euros la première année et 19 000 euros la seconde.

► **Contact :** Sup de Luxe. 1, rue Bougainville, 75007 Paris.
Tél. : 01 78 42 89 92. Internet : www.supdeluxe.com

L'ISTA

L'Institut supérieur textile d'Alsace offre une formation en alternance post-bac + 2 aux métiers de la filière textile, habillement et distribution et qui conduit au titre de **chef de produits textiles**, homologué par l'État au niveau II (bac + 4). En 2019, 40 places étaient disponibles pour la promotion 2019-2022.

Son programme s'articule autour de 9 unités d'enseignement :
- UE 1 : économie et société mode ;
- UE 2 : politique d'entreprise ;
- UE 3 : création et process ;
- UE 4 : *Marketing Brand* et *Communication Management* ;
- UE 5 : *Supply and Demand Management* ;
- UE 6 : insertion professionnelle ;
- UE 7 : langues et langages ;
- UE 8 : spécialités : une majeure au choix parmi deux spécialités : textile/mode ou cuir/mode et une mineure au choix parmi trois spécialités : e-Business ; achats ; marketing B-to-B ;
- UE 9 : mémoire.

Le concours d'entrée comporte des épreuves écrites (tests de culture générale, de synthèse, de créativité, de personnalité, de raisonnement, de logique et de deux langues étrangères) et orales (entretien de motivation et oraux de langues).

Les candidats peuvent avoir un statut de salariés (en contrat de professionnalisation) ou d'étudiants. Pour ces derniers, les **frais de scolarité** s'élèvent à 7 000 euros par an.

► **Contact :** ISTA. 21, rue Alfred-Werner, BP 72536, 68058 Mulhouse cedex 2. Tél. : 03 89 60 84 90. Internet : www.ista-bs.fr

LISAA

L'Institut supérieur des arts appliqués possède des antennes à Nantes, Paris, Rennes, Bordeaux, Toulouse et Strasbourg. Il délivre les **bachelors styliste modéliste** et **styliste designer textile**, homologués par l'État au niveau II (bac + 3) ; le **BTS design de mode** (en deux ans après l'année de mise à niveau) ; le **master *Fashion Design & Business*** et le **mastère management de la mode et du luxe** (bac + 5, en deux ans après un bachelor).

Les spécialités sont :
- animation et jeux vidéo ;
- mode ;
- architecture intérieure et design ;
- design graphique et motion design.

Sont acceptés les étudiants justifiant d'une formation artistique (atelier préparatoire, bac option arts plastiques, école des beaux-arts ou d'arts appliqués, faculté d'arts plastiques…).

L'admission se fait sur entretien. Seront alors analysés : votre culture générale et artistique, votre connaissance et curiosité du milieu de la mode, votre book de travaux personnels (dessins, illustrations, photos de vêtements et/ou d'accessoires…), votre lettre de motivation manuscrite et votre CV.

À Paris, les **frais de scolarité** sont de 8 190 euros pour la première année de bachelor spécialité mode, et de 8 990 euros par an pour les années suivantes et les masters.

► **Contact :** www.lisaa.com, reportez-vous au carnet d'adresses en fin d'ouvrage pour les coordonnées des établissements.

Mod'Art International

Fondé en 1984, Mod'Art se présente comme l'École de la création et du management de la mode. Elle propose diverses formations ayant trait à ces grandes orientations :
- stylisme et modélisme : bachelor Mod'Art styliste et modéliste et mastère direction artistique et management de collection ;
- management de la mode : bachelor et mastère ;
- MBA : *Luxury Goods and Fashion Industries* ; management de la mode et du luxe ;
- communication de mode : bachelor et mastère.

Les **frais de scolarité** varient de 7 900 euros (en première année) à 10 350 euros, selon le diplôme préparé.

► **Contact :** Mod'Art International. 35, quai André-Citroën, 75015 Paris. Tél. : 01 58 39 36 60. Internet : https://modart-paris.com

Mod'Spé

Créé en 1993, Mod'Spé Paris a pour vocation de former en deux ou trois ans des cadres de niveau bac + 4 à bac + 5, spécialistes du marketing, de la gestion commerciale et des achats pour les entreprises de la mode. Vous sortirez de l'école avec le titre de **chef de produit pour les entreprises mode et habillement** ; celui de **chef de projet e-business** (bac + 4) ou de **directeur du développement des produits de mode** (bac + 5).

Le programme de première année de **chef de produit pour les entreprises mode et habillement** permet d'acquérir des connaissances et des compétences techniques sur les produits de mode, d'ouvrir cette culture à la mode transversale (parfum, cosmétiques) et de gérer des projets en conditions réelles. La seconde année du cursus comprend : analyse de marché, orientation stratégique, élaboration, organisation de la production et logistique, marketing opérationnel.

La formation de **chef de projet e-business** a pour objectif de former des communicants spécialisés mode *via* des cours de communication à 360° et de marketing de mode.

Sont admis en première année les candidats titulaires au minimum d'un diplôme de premier cycle spécialisé en marketing, gestion, commerce ou stylisme-modélisme. Une admission directe en seconde année peut être accordée aux titulaires d'un bac + 2/3 ou plus. L'admission se fait sur dossier et test écrit de français et d'anglais.

Frais de scolarité : 8 500 euros par an.

Il est possible de poursuivre vos études pour obtenir le titre de **directeur du développement des produits de la mode** en deux ans et exercer dans le secteur de la mode comme directeur commercial, responsable export, responsable achat, directeur réseau, créateur d'entreprise, responsable e-business, responsable marketing digital.

Frais de scolarité : 8 950 euros.

▶ **Contact :** Mod'Spé. 9, rue Bleue, 75009 Paris.
Tél. : 01 48 24 23 80. Internet : www.modspeparis.com

Mode'ESTAH

Ouvert en 1991, Mode'ESTAH propose deux grandes filières de formation couvrant ainsi l'ensemble de la sphère d'influence du secteur mode : la filière Design et Création et la filière *Fashion Business*.

Filière Design et Création

- cursus de styliste designer de niveau II (trois ans en formation initiale bachelor dont quatre mois de stage à l'étranger et un an en alternance). Ce cycle s'adresse aux titulaires d'un bac ou aux diplômés d'une école de mode et aux étudiants ESTAH issus du cycle initial privé ;
- cursus modéliste créateur en deux ans, en alternance. Ce cycle s'adresse aux étudiants ayant les connaissances fondamentales du modélisme souhaitant acquérir une expérience professionnelle tout en se spécialisant (certification professionnelle accessible *via* la VAE).

Filière *Fashion Business*

Le cursus de manager de la mode, du design et du luxe se déroule sur cinq ans (bac + 5). Les deux premières années sont fondées sur les fondamentaux (histoire de la mode, mode contemporaine, culture de l'image et de la photo, techniques de style, marketing et communication, gestion de projet, réseaux sociaux, *Personal Branding*, langue vivante). La troisième année est centrée sur l'événementiel et la communication digitale. Une expérience en entreprise, en alternance, complète le cycle d'études en quatrième et cinquième année.

Frais de scolarité : à partir de 8 100 euros par an selon l'année et le diplôme préparé.

▶ **Contact :** Mod'ESTAH. 32, rue de Paradis, 75010 Paris. Tél. : 01 53 24 64 34. Internet : www.mode-estah.fr

PAA

Créée au départ pour accueillir des étudiants américains de passage à Paris, l'école *Paris American Academy* reçoit aujourd'hui autant de Français que d'étrangers. Elle concentre quatre pôles d'activités : ***Fashion***, ***Interior Design***, ***Fine Arts*** et ***Creative Writing***. L'option mode, qui nous intéresse ici, se déroule sur trois ans et les cours sont naturellement majoritairement dispensés en anglais.

Frais de scolarité : 15 900 euros à la rentrée 2019.

▶ **Contact :** PAA. 275, rue Saint-Jacques, 75005 Paris. Tél. : 01 44 41 99 20. Internet : http://parisamericanacademy.fr

Le Studio Berçot

Le Studio Berçot peut s'honorer de compter parmi ses anciens élèves des stylistes de renom : Isabelle Ballu, Isabelle Marrant, Martine Sitbon, Lolita Lempicka… Un bon point ! Il a pour définition de donner à ses élèves une formation de styliste de mode, en insistant, d'une part sur l'importance d'une structure esthétique, et d'autre part sur le développement de chaque personnalité, tout en y adaptant une technique en relation avec les nécessités d'un métier.

L'école forme, en trois ans, au métier de styliste de mode. La première année permet l'installation et la mise en place des bases du métier de styliste (comment construire une collection) ; la deuxième est une mise en application des enseignements de première année avec notamment la création d'une collection personnelle ; la troisième année, qui est facultative, se présente sous forme de stages.

Bon à savoir : dans le cadre du jumelage avec l'*Academy of Arts University* de San Francisco, deux élèves sont sélectionnés chaque année pour suivre un complément de formation de neuf mois.

Pour intégrer le Studio Berçot, vous devez être âgé de 18 ans au minimum et posséder le niveau bac.

Frais de scolarité : 13 000 euros en première année, 11 000 euros en deuxième année et 2 000 euros pour la troisième année de stage facultative.

► **Contact :** Studio Berçot, 29, rue des Petites-Écuries, 75010 Paris. Tél. : 01 42 46 15 55. Internet : www.studio-bercot.com

DES ÉCOLES DE RÉPUTATION INTERNATIONALE

Deux écoles, l'une en Angleterre, la *Central Saint Martins*, l'autre en Belgique, l'Académie royale des beaux-arts d'Anvers, jouissent d'une réputation internationale et d'anciens élèves prestigieux (parmi lesquels John Galliano et Alexander Mac Queen). Cette excellente réputation ne doit pas vous décourager pour autant : après une sévère sélection, de jeunes Français (niveau bac + 2) parviennent à intégrer ces écoles.

► Contacts :
- Central Saint Martins. Granary Building. 1 Granary Square, King's Cross, London N1C 4AA. Internet : www.arts.ac.uk/csm
- Académie royale des beaux-arts d'Anvers. Fashion Department. Handelsmuseum, Coquilhatstraat 16, 2000 Antwerpen. Tél. : 0032 470 20 23 53. Internet : http://antwerp-fashion.be

LE GRETA DE LA CRÉATION, DU DESIGN ET DES MÉTIERS D'ART

Le Greta de la création, du design et des métiers d'art est un organisme de formation professionnelle continue spécialisé dans les métiers de la mode et qui fait partie du réseau des Greta (groupements d'établissements publics locaux d'enseignement).
Appartenant à l'académie de Paris, il a pour vocation de former des salariés et des demandeurs d'emploi afin de les aider à se positionner sur le marché du travail grâce à l'apport de nouvelles compétences en retouche, informatique, etc.

Plusieurs établissements spécialisés dans les métiers de l'art, du vêtement, du cuir, de la fourrure, de la beauté, mettent leurs compétences au service de la formation tout au long de la vie.

Le Greta organise des formations modulaires et sur mesure, en cours du soir ou en journée pour répondre aux besoins en compétences des entreprises, pour préserver et transmettre les savoir-faire et techniques des métiers d'art (ex. : design textile, broderie, accessoires de mode).

14 établissements dont les 4 grandes écoles d'art parisiennes (Boulle, Duperré, Olivier de Serres et Estienne) mettent à la disposition du Greta une aide technique pour accueillir les stagiaires. En voici quelques-uns orientés « mode » :

- Lycée Paul-Poiret (lycée des Métiers de la mode et du spectacle). 19, rue des Taillandiers, 75011 Paris. Tél. : 01 55 28 82 00. Internet : http://lycee-paul-poiret.org
- Lycée Octave-Feuillet (lycée des Métiers : Arts de la mode). 9, rue Octave Feuillet, 75116 Paris. Tél. : 01 45 20 41 47. Internet : www.ac-paris.fr/serail/jcms/s2_2074405/fr/accueil
- Lycée Turquetil (lycée des Métiers). 18, passage Turquetil, 75011 Paris. Tél. : 01 43 70 20 13. Internet : www.ac-paris.fr/serail/jcms/s1_714926/fr/accueil

• Lycée Marie-Laurencin (lycée des Métiers de la mode). 114, quai de Jemmapes, 75010 Paris. Tél. : 01 44 52 16 16.
Internet : www.ac-paris.fr/serail/jcms/s2_1636651/fr/lycee-marie-laurencin
• Lycée Élisa-Lemonnier. 20, avenue Armand-Rousseau, 75012 Paris. Tél. : 01 43 45 82 21. Internet : www.elisa-lemonnier.fr

Le sérieux et la compétence du Greta ne sont plus à démontrer. Si besoin était, il suffirait d'indiquer que parmi leurs clients, on trouve la maison Yves Saint Laurent, Le Bon Marché, le Printemps ou les Galeries Lafayette.

Nous vous conseillons de vous rendre également sur le site Internet du Greta création, design et métiers d'art : www.cdma.greta.fr

L'AFPA

L'Association pour la formation professionnelle des adultes propose des formations liées aux métiers de la mode telles que cordonnier multiservice ou préparateur monteur en maroquinerie.

Salarié, vous pourrez intégrer ces cours dans le cadre de la formation continue : plan de formation, capital de temps de formation, congé individuel de formation ou congé de conversion. Renseignez-vous auprès de votre entreprise.

▶ **Contact :** Afpa. Tour Cityscope, 3, rue Franklin, 93100 Montreuil. Tél. : 01 48 70 50 00. Internet : www.afpa.fr

SE FORMER SUR LES BANCS DE L'ÉCOLE

Parallèlement aux formations proposées par le Greta ou l'Afpa, sachez que bon nombre d'écoles dispensent des cours destinés aux professionnels.
Ainsi, l'Institut français de la mode propose des séminaires de courte durée offrant l'opportunité de mettre à jour et d'approfondir vos connaissances. Parmi ces séminaires, vous trouverez :

- Panorama du monde la mode ;
- Ma petite robe noire ;
- Management de la mode et création ;
- Le produit de mode et sa création ;
- Dessin de mode pour débutant.

► **Contact** : Institut français de la mode. 36, quai d'Austerlitz, 75013 Paris. Tél. : 01 70 38 89 89. Internet : www.ifmparis.fr

Alors n'hésitez plus : contactez l'établissement qui vous intéresse et répertoriez les enseignements offerts aux salariés (cours du soir, etc.).

Bon à savoir : une grande partie des formations dites « initiales », c'est-à-dire ouvertes aux étudiants, sont également accessibles aux personnes en activité. L'admission est, bien sûr, possible après validation des acquis professionnels.

PARTIE IV

TRAVAILLER DANS LE MILIEU DE LA MODE

1 – LA MODE ET L'EMPLOI

LE PORTRAIT DU PROFESSIONNEL DE LA MODE

Il n'existe pas, bien sûr, un portrait-robot du parfait professionnel de la mode. Comme nous l'avons vu dans nos chapitres précédents, l'industrie de la mode est changeante et n'a pas sitôt donné naissance à de nouvelles tendances qu'elle se voit condamnée à être dépassée. Rien ne semble devoir se démoder plus vite que la mode elle-même. Bien que le talent et la maîtrise de techniques soient indispensables pour exercer toute activité, il est un facteur à ne pas négliger : la chance. Les témoins qui ont participé à l'écriture de ce guide avouent souvent devoir leurs premiers pas dans l'industrie de l'habillement à quelques précieux contacts. Il faut avant tout ne jamais hésiter à aller à la rencontre des professionnels. Comme vous pourrez le constater, certains ne sont que difficilement accessibles. Essayez d'être là où se passent les choses (salons, journées portes ouvertes) et s'il le faut, allez frapper à quelques portes (showrooms, bureaux de presse, magazines spécialisés…). Dites-vous qu'à force de persuasion (et de charme), il deviendra plus facile de remplir les premières pages de votre carnet d'adresses.

Autre règle primordiale : bien que la mode ne soit pas, comme on le pense, uniquement peuplée de requins et de créatures (ou créateurs) superficiel(le)s, vous devez rester prudent ! La majorité des professionnels qui ont accepté de répondre à nos questions renouvellent le même conseil à ceux qui débuteront bientôt dans le métier : sachez vous entourer. Sélectionnez votre école, vos collaborateurs, refusez des stages où l'on vous exploiterait (puisqu'au final, il n'en ressortira rien de bon professionnellement), faites attention à tout ce que vous pourriez être amené à signer. En un mot, restez vigilant.

LA MODE VUE PAR DES PROS

Interrogées sur les qualités qui font un bon professionnel de la mode, les personnes rencontrées pour la rédaction de ce guide sont unanimes : il faut avant tout de la passion. Bien sûr, cette affirmation enthousiaste demande à être tempérée. On ne vous demandera pas la même implication si vous êtes styliste ou couturier. Ainsi, le styliste Marcel Marongiu explique que *« ce métier n'est pas comme les autres. Lorsqu'on travaille dans la mode, la création est une remise en question permanente, une obsession de chaque instant. »* Il semble en effet que la mode affecte ceux qui la touchent. Obsessionnelle, elle devient souvent la source de nombreux stress autant que celle d'infinies satisfactions. La mode impose à ceux qu'elle emploie une certaine forme de perfection. Soumis aux critiques de la presse, au jugement des acheteurs ou de la clientèle, vêtements et accessoires ne peuvent décevoir. Il en résulte une indispensable humilité, comme nous l'explique Giovanna Arrieta : *« Un vrai professionnel doit constamment accepter de remettre son travail en cause. Il doit se plier à de nombreuses contraintes matérielles, financières ou de temps. »*

La mode n'est pas que strass et paillettes et la gloire est souvent personnelle et discrète. *« Il faut savoir travailler dans l'ombre »*, nous confie à nouveau Giovanna. *« Lorsque je vois mes modèles dans un magazine, ils portent le nom du styliste, mais ma fierté n'en est pas moins grande d'avoir fait un si beau travail… »* Il demeure important de garder à l'esprit votre motivation et de ne jamais déprécier votre travail. Les enseignantes du lycée Camille Claudel de Vitry-sur-Seine, en banlieue parisienne, défendent avec une belle énergie leurs formations, estimant *« qu'un bon professionnel doit connaître les techniques et les savoir-faire de base »*. Vous avez la possibilité de travailler au sein d'une équipe ou bien de vous lancer en tant qu'artisan à votre compte ou encore de travailler en free-lance. Cette dernière solution ne doit pas vous faire perdre de vue qu'il existe beaucoup de places et bien peu d'élus. La mode est souvent considérée comme futile et superficielle car elle se nourrit d'une incontournable subjectivité. Comme nous l'avait confié Marcel Marongiu à la fin de notre entretien, *« Le milieu de la mode est comme tous les autres : il y a des gens bien et d'autres qui ne le sont pas. Mais on travaille avec l'apparence. Dépendre du regard des autres est stressant et motivant. Ce qui est un frein pour certains est pour d'autres un moteur qui les aide à aller de l'avant. »*

LA MODE EN CHIFFRES

En France, l'industrie textile représentait, en 2018, 2 164 entreprises et 61 296 emplois.

29 % des entreprises emploient entre 50 et 199 salariés. Les petites entreprises de moins de 10 salariés représentent 8 % des effectifs et celles comptant plus de 500 salariés représentent 15 %.
À l'échelle européenne, le secteur comportait 171 072 entreprises (textile et habillement) et enregistrait 1 660 000 emplois.

Source : Union des industries textiles (www.textile.fr).

L'UNION DES INDUSTRIES TEXTILES (UIT)

L'UIT réunit les groupements professionnels patronaux du secteur du textile en France. Ses priorités sont de trois ordres :
- construire un environnement favorable à l'activité textile ;
- définir la stratégie de lobbying de la profession et être le porte-parole de l'industrie auprès des décideurs ;
- améliorer les compétences dans les entreprises notamment en surveillant l'offre de formation.

La recherche et développement

Les entreprises du textile investissent de plus en plus dans l'innovation technologique et non technologique grâce au soutien de leurs partenaires :
- Techtera est le pôle de compétitivité des textiles et matériaux souples de la région Auvergne-Rhône-Alpes. Depuis sa création en 2005, le pôle a lancé des services destinés à booster l'innovation et la compétitivité des entreprises, et à développer des projets collaboratifs impliquant industriels et chercheurs ;
- le pôle de compétitivité UP-tex, basé dans la métropole lilloise, est d'abord un « cœur de réseau ». Ses membres sont des instituts de recherche, des laboratoires de grandes écoles et d'universités, des entreprises, tous engagés ensemble dans des programmes d'innovation. L'objectif est de promouvoir l'irruption du textile dans tous les métiers en recherche de performances nouvelles. Projet structurant du pôle UP-tex, le CETI est un centre de recherche, d'innovation, de prototypage et de valorisation technologique et industrielle, de niveau mondial, dans le domaine des matériaux textiles avancés et des nouveaux matériaux ;
- Le Pôle de compétitivité Fibres-Energivie réunit quant à lui les entreprises et les laboratoires autour de l'élaboration de nouveaux produits conçus dans le respect de l'environnement, pour les marchés de la construction durable, de l'aménagement intérieur, des transports, de la santé et de la protection de la personne…

Sources : www.textile.fr ; www.techtera.org ; https://uptex.innovationstextiles.fr ; www.ceti.com ; www.fibres-energivie.eu

2 – LE STAGE : LA VOIE ROYALE

Mettre le pied à l'étrier, voilà bien votre problème. Le stage est une phase incontournable à toute bonne formation et c'est aussi le premier pas vers la professionnalisation. La recherche de stage doit être prise très au sérieux puisqu'elle n'est au final que la répétition de ce que sera votre future recherche d'emploi.

LA CANDIDATURE SPONTANÉE

La chose la plus importante est de se constituer un bon CV. Pour cela, vous pouvez consulter des guides qui vous donneront des conseils de forme et de fond. Pour trouver un stage dans la mode, il vous faudra faire preuve des qualités que ce secteur impose à ses professionnels : rigueur et créativité. Travaillez certes le contenu de votre CV, mais aussi la mise en pages. Vous pouvez même opter pour un support original (un élève en formation de styliste à l'école de Condé de Lyon a mis au point un CV sur CD-ROM, vous pouvez également vous créer un site répertoriant vos créations).

DES GUIDES POUR OPTIMISER SA CANDIDATURE

Nous vous conseillons ces ouvrages édités par Studyrama :
- *100 modèles de CV* et *100 modèles de lettres de motivation* vous donnent des exemples commentés de CV et lettres de motivation classés par branche d'activité ;
- *Entretien d'embauche et tests de recrutement* vous présente de nombreux conseils pour franchir avec succès les étapes du recrutement.

La lettre de motivation sera votre meilleure représentation. Pour cela il est indispensable de cibler votre recherche. En fonction de vos envies, de votre formation et d'un éventuel plan de carrière, vous choisirez quatre ou cinq terrains de stage. Évitez les mailings : le monde de la mode est bien petit et tout finit par se savoir. Vous trouverez dans le carnet d'adresses les coordonnées de nombreux organismes professionnels qui sauront guider vos recherches tout en canalisant la fougue de vos envies. Agences de mannequins, chambres des métiers, bureaux de styles… lorsque l'on cherche un stage par soi-même, il ne faut pas hésiter à se montrer persuasif. Sachez cependant que la grande majorité d'entre vous risque de se heurter à un mur. En effet, les professionnels de la mode ont conclu de nombreux accords avec la plupart des écoles de mode. Autant dire qu'une grande partie des stages disponibles chaque année est accaparée par les responsables de ces écoles !

ATTENTION AUX STAGES « BIDON »

Après avoir passé son baccalauréat, Lauriane Soubrange décide de travailler dans le prêt-à-porter. *« Je désirais avant tout connaître le terrain. Bien sûr, mon rêve a toujours été de travailler dans la mode. J'aime dessiner des vêtements et les réaliser. »* En dépit d'un manque total de formation, la jeune fille consulte au Centre de documentation et d'orientation des annuaires professionnels. *« Avec un bac, on ne m'aurait proposé que des postes dans la vente. Je n'ai jamais eu envie de travailler en boutique ; ce qui me motive, c'est la phase créative. En dépit de toutes les contraintes que cela suppose, tu possèdes une grande liberté. »* Ses recherches sont diversifiées : usines d'habillement, bureaux de style, employés indépendants, etc.

Lauriane finit par décrocher un emploi d'été dans une petite entreprise de couture et de retouches. *« Le patron m'a expliqué que j'apprendrais sur le tas, et que pour cela il ne pouvait pas évaluer mon salaire, tant qu'il ne connaissait pas mes compétences professionnelles. »* Tout d'abord enthousiaste, Lauriane déchante très vite. *« J'avais entendu parler des stages photocopies, le mien ne valait pas mieux. Je faisais de la manutention, je nettoyais les ateliers et les bureaux. »*

Son seul contact avec le monde de la couture, se souvient-elle en ironisant, *« c'est lorsque je devais ramasser les aiguilles à terre »*. Décidée à ne pas perdre inutilement ses deux mois de vacances, la jeune fille propose à son employeur de lui confier quelques tâches. *« Je me serais contentée dans un premier temps de faire des retouches, prendre des mesures, ne serait-ce que passer des commandes de tissus. »* Le refus du gérant est aussi poli que ferme. Il rappelle à Lauriane qu'elle n'a signé aucun contrat et est donc libre de partir si le stage ne lui convient pas. *« Je sais désormais que je n'accepterai plus aucun travail sans avoir signé un contrat au préalable. »*
Cette mauvaise expérience, dont elle est en partie responsable, ne l'a en rien découragée. Lauriane est finalement entrée dans une école de stylisme-modélisme à Dijon : *« Là-bas au moins, on me laisse toucher les tissus ! »*

PASSER PAR UNE ÉCOLE

Une école saura vous apporter une infrastructure non négligeable. Vous aurez non seulement le soutien des professionnels qui y travaillent ou qui y enseignent, mais vous pourrez aussi bénéficier de leur carnet d'adresses. La fierté de ces écoles est en effet de trouver à ses étudiants des stages de qualité. Leurs plaquettes vous présentent d'ailleurs le nombre d'offres qui leur sont proposées. Certaines écoles avancent même que la quasi-totalité des stages débouche ultérieurement sur une embauche.

Contrairement à ce que vous pourriez espérer, l'école ne se chargera pas de toutes les démarches, l'un des intérêts du stage étant de responsabiliser des étudiants trop habitués à un cadre scolaire en dehors duquel ils ont parfois du mal à se repérer...

LES SALONS

Il existe de très nombreux salons en France, la plupart étant organisés en région parisienne ou en Auvergne-Rhône-Alpes. Pour les secteurs textiles, mode et cuir, on en compte près d'une trentaine. Bien que la plupart de ces salons soient exclusivement réservés aux professionnels, il demeure possible d'obtenir des invitations (ou accréditations) par le biais de votre école de mode. Ils sont, pour les étudiants ou les jeunes qui se lancent dans le métier, un excellent moyen de rencontrer une large palette de professionnels, et ainsi de nouer quelques contacts fort utiles.

Les salons sont avant tout un vivier de nouvelles tendances. Ils ont la réputation (comme cela est le cas avec Première Vision) d'annoncer de quoi sera faite la mode de demain. Vous pouvez consulter les pages web des principaux salons, qui vous proposent de vous inscrire en ligne. Il existe également un site Internet qui recense l'ensemble des salons en France et dans le monde, tout en vous permettant d'obtenir ou de gagner des invitations : www.salons-online.com

Citext Europe

Le salon Citext Europe est la convention internationale des textiles techniques et matériaux souples fonctionnels. Il a lieu chaque année entre avril et juin à Troyes. Réservée aux professionnels, cette convention est destinée aux acteurs des industries textiles à usages industriels ou techniques (confectionneurs, constructeurs de matériels, ennoblisseurs, fabricants de maille, fournisseurs de matières premières, etc.).

▶ **Contact :** www.citext.fr/fr

Première Vision Paris

Deux fois par an, près de 2 000 professionnels provenant de 57 pays présentent des collections en synergie avec les exigences du marché de la mode et celles du calendrier de l'industrie de l'habillement se rendent au Parc des expositions Paris-Nord Villepinte au salon Première Vision Paris, premier salon mondial des tissus d'habillement. Six thèmes majeurs regroupant les principaux métiers à destination de la mode mondiale sont ainsi regroupés en un seul endroit : fils (*Yarns*), tissus (*Fabrics*), cuirs (*Leather*), dessins (*Designs*), accessoires (*Accessories*) et confection (*Manufacturing*).

► **Contact :** www.premierevision.com

PREMIÈRE VISION : LE SALON QUI FLAIRE LES NOUVELLES TENDANCES

Voici, en quelques dates, l'historique de ce salon destiné aux professionnels de la mode du monde entier. Un excellent moyen de savoir ce qui se fait, mais aussi de rencontrer ceux qui font bouger les choses au sein des industries du textile et de l'habillement.

• 1973 : création par quinze tisseurs lyonnais de « Tissus de Lyon – Première Vision ». Désireux d'aller au-devant du marché, ils présentent leurs premières collections de tissus à Lyon.

• 1976 : première concertation des tendances. Les tisseurs se concertent à l'avance pour proposer aux acheteurs et à la presse une synthèse des tendances couleurs et matières. L'offre devient cohérente et le marché se structure.

• 1977 : les tisseurs lyonnais sont rejoints par les autres secteurs du tissage français. Première Vision expose Porte de Versailles à Paris.

• 1980 : dès l'automne 1980, Première Vision crée un comité de sélection des exposants pour accueillir les tisseurs européens sur des critères de créativité.

• 1984 : Première Vision quitte le centre de Paris et s'installe au Parc des Expositions.

• 1987 : la Concertation devient européenne ; les exposants tisseurs sont de plus en plus impliqués dans le travail d'élaboration des couleurs et des matières.

• 1990 : l'offre salon, jusqu'alors organisée par pays, se structure par secteurs de produits, s'adaptant ainsi à l'évolution des modes de vie des consommateurs.

• 1992 : nouvelle évolution : les secteurs produits se transforment en secteurs produits marchés.

• 1994 : Première Vision, dans sa recherche qualitative constante, identifie ses visiteurs et valorise le statut de l'acheteur de tissus.

• 1997 : le système d'élaboration des tendances s'affine. La Concertation européenne se décompose en deux temps : la Concertation Impulsion et la Concertation Focalisation. Naissance de l'Observatoire international de Première Vision.

• 2014 : Première Vision prend le contrôle complet de six salons, dont Expofil, Cuir à Paris, Indigo, ModAmont et Zoom (spécialistes fashion-fabrication).

Source : Première Vision.

Première Classe

Première Classe est un salon dédié à l'accessoire de mode : ceintures, chapeaux, chaussures, bijoux, foulards, gants, lunettes de soleil, parapluies, sacs… Ce salon professionnel se déroule pendant la Paris Fashion Week début mars et fin septembre dans le Jardin des Tuileries.

▶ **Contact :** https://premiere-classe.com

Who's Next

Fruit de la récente fusion entre les principaux salons professionnels de mode et d'accessoires parisiens, Who's Next Prêt-à-porter Paris a ouvert ses portes en 2012. Il a lieu tous les ans en janvier et en septembre.

▶ **Contact :** https://whosnext.com

Salon international de la lingerie

Chaque année en janvier, il est le rendez-vous incontournable des professionnels et des amateurs de belle lingerie.

▶ **Contact :** https://fr.saloninternationaldelalingerie.com

PARIS : D'AUTRES SALONS À NE PAS MANQUER

• Texworld : rendez-vous mondial du tissu ;
• Made in France Première Vision : salon français de la fabrication habillement et accessoires : www.madeinfrancepremierevision.com
• Playtime : le salon international dédié aux univers de l'enfant, du junior et de la future maman : www.iloveplaytime.com/fr/shows/paris

Source : www.salons-online.com

L'INTÉRIM

Il est possible de trouver un emploi dans la mode et l'habillement grâce aux agences d'intérim. Elles disposent de quelques rares places, principalement pour des emplois de techniciens. L'ensemble des grandes maisons préfère engager des stagiaires scolarisés ou encore passer par le bureau de recrutement des écoles de mode qui les mettent en relation avec d'anciens élèves fraîchement diplômés.

Modelor (www.modelor.fr) est depuis 1974, une agence incontournable dans les domaines de la mode et du luxe.

KS Intérim (www.ks-groupe.com/mode) regroupe quant à elle les métiers dans trois pôles : la couture, la collection et la production.

À Paris, l'agence **Intérim Nation** (www.interim-nation.fr) vous propose des places dans différents secteurs de la mode : prêt-à-porter, haute couture, bureau d'études…

LES BUREAUX DE STYLE

Indispensable associé de l'industrie de l'habillement, le bureau de style possède un pouvoir immense. En effet, il lui appartient de sentir ce qui sera ou ne sera pas à la mode pour les prochaines saisons. Bien qu'ils soient inconnus du grand public, les bureaux de style décident de ce que nous porterons durant les deux prochaines années. Leur travail est avant tout prévisionnel. Que ce soit en matière de tissus, de couleurs, de coupes, de formes, ils sont chargés de détecter de quoi sera faite la mode de demain. À partir de ces prévisions, ils élaborent des cahiers de tendance répartis en différentes catégories : tissus, prêt-à-porter homme, prêt-à-porter femme, lingerie, maille, etc. Ces cahiers sont ensuite vendus aux fabricants de la filière habillement, en France et dans le monde.

Il est fréquent que certains bureaux de style préparent un cahier de tendance à la commande. Dans ce cas précis, ils élaborent des lignes complètes qui comprennent non seulement les croquis, un choix de tissus, de couleurs et d'harmonies mais aussi éventuellement les accessoires. Les bureaux de style jouent parfois un rôle de consultant ou de conseil en stratégie. Ils étudient l'équilibre de structure d'une collection et mettent en place des stratégies pour la conduite d'un plan collection. Ils s'occupent du timing et mettent en place une structure de communication : réalisation de fiches produit par produit, revue de presse, historique des ventes, grille des prix, etc.

Une autre mission de certains bureaux de style est d'analyser la stratégie de la marque, ainsi que son positionnement sur le marché afin de proposer des produits en adéquation avec la demande des consommateurs (analyse des nouveaux produits et marchés émergeant), la gestion des motifs, étiquettes et accessoires, le suivi des échantillons ou la création de logos.

AVOIR UNE VISION GLOBALE DU MÉTIER

Jean-Michel Glasman, styliste et consultant mode, a été directeur d'un bureau de style à Cannes. Sorti d'ESMOD à 17 ans et demi, avec une double formation de styliste et de modéliste, il a débuté comme assistant-modéliste dans le quartier du Sentier à Paris. *« À l'époque, il y a plus de 30 ans, il était encore assez facile de trouver du travail... Je choisissais les tissus, je réalisais les toiles, je coupais les premiers modèles. Il m'est même arrivé de monter les prototypes moi-même. »* Conscient que ce métier s'ouvrait sur l'étranger, Jean-Michel Glasman est parti perfectionner son anglais à Londres. *« Je n'avais pas de point de chute. J'ai donc d'abord fait du porte-à-porte dans les boutiques près d'Oxford Circus, le Sentier anglais en quelque sorte. Pour être compris, je montrais mes dessins et mes premières réalisations. Et j'ai réussi à trouver un employeur : j'étais embauché pour six mois ! Il était en fait très fier d'avoir un* french *styliste... »*
De retour en France, il fonde en 1972, avec un associé, le bureau de style Sacha Pacha. *« Je n'avais pas envie de me spécialiser dans un domaine particulier. On nous commandait parfois des collections*

de coussins, de chaussures... J'ai même failli faire une collection de vêtements pour chiens... Nous avons commencé par vendre nos dessins le jour dans le Sentier, et le soir, nous les fabriquions. Petit à petit, nous avons développé nos activités sur la France puis sur l'international... J'ai quitté Sacha Pacha 12 ans après son lancement pour créer Secret Service Style. Ma femme, Carole, dirigeait le cabinet de conseil en recrutement et moi, je m'occupais du bureau de style. Nous réalisions des cahiers de tendances pour nos clients : des centrales d'achat de supermarchés, de la VPC (vente par correspondance). En dehors du travail de création sur les collections, le packaging, les étiquettes ou les impressions textiles, je réalisais des audits, comme consultant-mode. J'étudiais la structure des collections et je réalisais des analyses de stratégie sur la marque et son positionnement. »

Très vite, Jean-Michel Glasman a compris que la profession de styliste était en pleine mutation. *« Il faut connaître et savoir se plier aux contraintes du marché. C'est pourquoi un styliste doit avoir une approche marketing afin de positionner ses produits... Malheureusement, peu d'écoles de style forment les étudiants dans ce domaine. Il y a un réel décalage entre l'image que se font les étudiants du métier et la réalité. Par exemple, de nombreux stylistes débutants venaient me voir avec un book spécialisé en homme, femme ou maille. Comment peut-on, à 20 ans, décider qu'on ne fera que de la femme ou que de l'enfant ? Un styliste doit être capable de créer en fonction des paramètres et avoir une vision globale du métier ! »*

Pour recruter leurs stagiaires et leurs collaborateurs, la plupart des bureaux de style passent par le service emploi des écoles de mode. Celle qui a fondé et donné son nom à l'un des plus importants bureaux de style français, Nelly Rodi, est liée à l'Institut supérieur européen de la mode dont elle a été membre du bureau de perfectionnement pendant plusieurs années. Il reste possible de contacter directement les bureaux de style (voir le carnet d'adresses) en tentant de leur proposer vos services. La diversité de leurs missions nécessite l'embauche régulière de créatifs (stylistes) et de graphistes.

LES PRINCIPAUX BUREAUX DE STYLE

Pour connaître toutes les coordonnées des bureaux de style, consultez le *Mandel International Clothing and Textiles Web Directory* et le site Internet https://annuaire.mandelnet.com. Il s'agit d'un annuaire professionnel, réédité chaque année.
Voici les adresses de quelques bureaux de style reconnus :
- Carlin International. 37, rue de Neuilly, 92110 Clichy. Tél. : 01 78 66 27 50. Internet : http://carlin-creative.com
- Nelly Rodi. Tél. : 01 42 93 04 06. Internet : www.nellyrodi.com
- Peclers Paris. 23, rue du Mail, 75002 Paris. Tél. : 01 40 41 06 06. Internet : www.peclersparis.com
- Promostyl. 5, passage Thiéré, 75011 Paris. Tél. : 01 49 23 76 00. Internet : www.promostyl.com

LES CABINETS DE RECRUTEMENT

Ils s'adressent uniquement aux professionnels. Ceux que l'on nomme les chasseurs de têtes peuvent aider ceux qui débutent dans le métier (à condition de pouvoir justifier d'une expérience professionnelle préalable). Ces cabinets interviennent dans des secteurs aussi diversifiés que le tissage, l'ennoblissement, les industries de l'habillement (PAP hommes, femmes, enfants, accessoires), la distribution (grands magasins, VPC, hypermarchés, etc.) et le luxe (maroquinerie, joaillerie, bijouterie, etc.).

Vous pouvez contacter les cabinets suivants ou bien vous connecter à leur site, sur lesquels vous trouverez les offres d'emploi qu'ils proposent.

Quelques cabinets de recrutement spécialisés dans la mode :
- Chantal Baudron SAS : www.chantalbaudron.fr
- Attitudes : http://attitudes.fr
- Joblux : https://joblux.com

LE REGARD D'UN AGENT ARTISTIQUE SUR LES MÉTIERS DE LA MODE

Ève Briat a une personnalité attachante. Son parcours, relativement atypique, l'a conduit à officier comme agent artistique pendant plusieurs années. Son rôle était d'encadrer et d'aider de jeunes artistes, photographes, mannequins, stylistes, coiffeurs ou maquilleurs. « *J'ai travaillé dans la coiffure à Saint-Martins et à Paris, mais je me suis toujours considérée comme une artiste. J'ai toujours eu le goût des arts et de ceux qui les pratiquent. Lors d'un dîner, j'ai rencontré David Gérardin qui était mannequin dans l'agence Karin Men. Il m'a ensuite présentée au photographe avec lequel il shootait.* »

De rencontres en anecdotes, Ève a pu pénétrer dans le monde de la mode. La jeune femme est alors amenée à accompagner ses amis sur les plateaux, lors des défilés, pendant les séances. À force de prendre à sa charge l'ensemble des problèmes techniques (voire personnels) de ses nouveaux « poulains », Ève a senti naître en elle une nouvelle vocation d'agent artistique. « *Je suis heureuse et fière d'avoir aidé David à se lancer dans sa nouvelle carrière de styliste.* »

Petite structure oblige, la jeune femme a dû jouer les rôles combinés d'attachée de presse, de productrice, de coordinatrice pour ses défilés. « *Lorsque David a été vendu aux Galeries Lafayette. Nous avons fait un beau pied de nez à tous ceux qui ne croyaient pas en nous. Mais quelle rage de réussir il nous aura fallu !* »

Le regard qu'Ève porte sur le milieu de la mode est sans concessions. « *J'ai vu mes artistes malmenés, blessés, parfois trahis. C'est un milieu très passionnel où rien ne peut survivre dans la médiocrité. C'est pour cela que j'ai protégé ceux avec qui j'ai travaillé et que je me suis entourée de gens compétents, surtout juridiquement.* »

Généreuse, Ève a un côté protecteur, presque maternel. À ceux d'entre vous qui espèrent pénétrer l'univers de la mode, elle lance ce cri du cœur : « *Soyez rebelles, venez bouleverser l'ordre établi, quel que soit votre domaine de compétence, il y a de la place pour tout le monde. Il suffit de travailler et d'y croire. Ne vous laissez pas influencer par les paillettes. Soyez ouverts, talentueux, communicatifs. En un mot, soyez passionnés !* »

LES SITES INTERNET

Les sites d'emploi

Il existe un grand nombre de sites Internet d'emploi généralistes pouvant vous permettre d'accéder à des offres dans le milieu de la mode. Outre ces sites, vous pouvez également consulter des pages spécialisées dans l'emploi mode.

- **Fashion Job** (http://fr.fashionjobs.com) : ce site Internet est spécialisé dans l'emploi du secteur de la mode. Vous pouvez consulter les offres d'emploi, déposer votre CV et vous informer sur ce secteur économique.
- **Emploi Textile** (www.emploi-textile.com) : ce site est spécialisé dans la recherche d'emploi pour la mode et le textile. Dépôt de CV, consultation d'offres d'emploi et possibilité de s'abonner à une lettre d'information.
- **BeThe1** (www.bethe1.com) : offres d'emploi internationales dans la mode, la beauté, la décoration et la distribution sélective.

Les sites des écoles

Une grande majorité des écoles de mode ou de stylisme possède un site Internet et un certain nombre d'entre elles propose des offres d'emploi. Attention : certaines écoles réservent les offres d'emploi dont elles disposent à leurs diplômés.

Les sites institutionnels

Une piste à ne pas négliger est celle des sites Internet des créateurs, des marques de vêtements, des bureaux de style…

4 – LES BOURSES ET LES CONCOURS

La France semble aimer ses jeunes créateurs, puisqu'il existe de nombreux concours et bourses destinés à promouvoir et aider financièrement la génération montante. Ces concours, qui concernent principalement les stylistes (mais également les modélistes), permettent d'apporter aux professionnels débutants ce qui leur fait le plus souvent défaut pour mener à bien un premier, voire un second défilé : une structure. Ces concours permettent également d'établir de précieux contacts avec les représentants des plus puissantes sociétés dans le secteur de la mode et de l'habillement (LVMH, Yves Saint Laurent, etc.).

LES BOURSES DE L'ASSOCIATION NATIONALE DES ARTS DE LA MODE (ANDAM)

Afin de soutenir la création de mode en France et d'affirmer sa dimension dans la définition d'une culture plus ouverte, le ministère de la Culture et de la Communication a mis en place, en 1989, au sein de la délégation aux Arts plastiques (aujourd'hui devenue la direction générale de la création artistique), une cellule spécialisée. Sa mission est de soutenir les jeunes stylistes par l'attribution de bourses leur permettant de créer leur propre collection et de développer leur marque.

Afin d'étendre ses moyens d'action, la DGCA a créé en 1991, conjointement avec le DEFI (Comité de développement et de promotion), l'Association nationale pour le développement des arts de la mode (Andam), composée d'un conseil d'administration réunissant les personnalités institutionnelles parties prenantes d'une action de promotion de la mode française, ainsi que d'une commission nationale chargée de sélectionner les lauréats. Depuis 1995, des partenaires privés (maisons de mode, groupes de luxe, grands magasins, organismes professionnels) se joignent à cette action.

L'Andam Fashion Award est destiné à récompenser et à accompagner un créateur de mode de niveau international en phase de développement. Il s'adresse à des créateurs de nationalité

française ou étrangère, possédant ou s'engageant à créer et exploiter une société de droit français. En 2020, l'Andam attribuera 250 000 euros pour la dotation **Grand Prix**, 100 000 euros pour la dotation du **prix du Label créatif**, 50 000 euros pour la dotation du **prix Accessoires de mode** et 30 000 euros pour la dotation du **prix de l'Innovation**.
Outre ces dotations exceptionnelles, les lauréats ont également l'opportunité de présenter leurs collections à l'ensemble des acheteurs et de la presse internationale, dans le cadre la Fashion Week de Paris (Première Classe – Tuileries).
L'Andam Fashion Award est soutenu, entre autres, par des maisons prestigieuses comme Chanel, LVMH ou Swaroski.

▶ **Contact :** Andam. 30, rue Beaurepaire, 75010 Paris.
Internet : http://andam.fr

LE FESTIVAL INTERNATIONAL DE MODE, DE PHOTOGRAPHIE ET D'ACCESSOIRE DE MODE D'HYÈRES (FIAMH)

Plate-forme dédiée à promouvoir la jeune création dans les domaines de la mode et de la photographie, le Festival d'Hyères s'organise autour d'expositions, de tables rondes et de trois concours rassemblant dix stylistes, dix photographes et, depuis 2017, dix créateurs d'accessoires, sélectionnés par des jurys de professionnels. Les créations des candidats sélectionnés sont présentées sous forme de défilés pour la mode, et d'une exposition collective pour la photographie et les accessoires.

Chaque printemps, le Festival d'Hyères est le lieu où se découvrent les créations les plus stimulantes de notre époque. Depuis la création du festival, ont pris part au jury mode plus d'une soixantaine de créateurs dont Martin Margiela, Hussein Chalayan, Helmut Lang, Jean-Paul Gaultier, Martine Sitbon, John Galliano, Pierre Hardy, Anna Sui, Jean Colonna, Azzedine Alaïa, Christian Lacroix, Haider Ackermann, Kris van Assche, Dries van Noten, Raf Simons…

▶ **Contact :** www.villanoailles-hyeres.com

LE FESTIVAL INTERNATIONAL DES JEUNES CRÉATEURS DE MODE

Douze jeunes créateurs (répartis dans trois catégories : homme, femme et active wear mixtes) venus du monde entier présentent ici leurs collections en présence des membres du jury, de personnalités du monde de la mode et de journalistes.
Ce concours est ouvert à tous les créateurs de plus de 18 ans, ayant terminé leurs écoles de mode, ou étant en activité depuis plus d'un an.
Chaque candidat doit présenter une collection cohérente de huit panoplies accessoirisées.
Le festival se tient chaque année au mois d'avril. Depuis 2016, il est organisé par la ville de Dinan.

► **Contact :** www.facebook.com/FIJCMD

PARTIE V

CARNET D'ADRESSES

1 – LES FORMATIONS

Les CAP

ARTS DE LA BRODERIE

Lycée professionnel Gilles Jamain
2, boulevard Édouard Pouzet – BP 309
17312 Rochefort cedex
Tél. : 05 46 99 06 68
Internet : www.lyc-jamain.ac-poitiers.fr

Lycée professionnel Paul Lapie
6, avenue du Docteur Paul Kahn
54301 Lunéville cedex
Tél. : 03 83 76 43 43
Internet : http://lycee-paul-lapie.com

CFA SEPR
46, rue du Professeur Rochaix
69003 Lyon
Tél. : 04 72 83 27 27
Internet : www.sepr.edu

Lycée professionnel Octave Feuillet
9, rue Octave Feuillet
75016 Paris
Tél. : 01 45 20 41 47
Internet : www.ac-paris.fr/serail/jcms/s2_2077112/fr/le-lycee-octave-feuillet

Lycée professionnel Jules Verne
2, rue de la Constituante – CS 80238
78500 Sartrouville
Tél. : 01 61 04 13 00
Internet : www.lyc-verne-sartrouville.ac-versailles.fr

CORDONNIER BOTTIER

Lycée professionnel Jean Rostand
12, rue Louise Lériget
16017 Angoulême cedex
Tél. : 05 45 97 45 00
Internet : http://lpjeanrostand.fr

CFA d'Eschau
21, rue des Fusiliers Marins – BP 30415
67412 Eschau cedex
Tél. : 03 88 59 00 80
Internet : www.cfa-eschau.fr

CFA SEPR
46, rue Professeur Rochaix
69424 Lyon cedex 03
Tél. : 04 72 83 27 27
Internet : www.sepr.edu

CFA des Compagnons du devoir et du Tour de France
1, place Saint-Gervais
75004 Paris
Tél. : 01 48 87 38 69
Internet : www.compagnons-du-devoir.com

Établissement régional d'enseignement adapté Jean Monnet
106, boulevard Raymond Poincaré
92380 Garches
Tél. : 01 47 95 65 00
Internet : www.erea-monnet-garches.ac-versailles.fr

CORDONNERIE MULTISERVICE

Lycée professionnel Blaise Pascal
49, traverse Capron
13012 Marseille
Tél. : 04 91 18 03 40
Internet : www.lyc-pascal.ac-aix-marseille.fr

CFA de la Chambre des métiers de Corse du sud
La Sposata, Quartier Bacciochi
20090 Ajaccio
Tél. : 04 95 23 53 14
Internet : www.cfm-ajaccio.fr

CFA Le Vigean
2, rue du Collège Technique – CS 6006
33327 Eysines cedex
Tél. : 05 56 16 12 05
Internet : www.cfa-levigean.fr

Campus des Métiers et de l'Artisanat
5-7, rue Joseph Cugnot-Pôle d'activités Cugnot
37300 Joué-les-Tours
Tél. : 02 47 78 47 00
Internet : www.campusdesmetiers37.fr

CFA Ernest Meyer
5, boulevard de la Défense
57078 Metz cedex 3
Tél. : 03 87 39 31 50
Internet : www.cma-moselle.fr/apprentissage-nos-cfa

CFA Chambre de métiers et de l'artisanat
78, rue des Piats
59200 Tourcoing
Tél. : 03 20 58 16 50
Internet : www.cma-hautsdefrance.fr

CFA d'Eschau
21, rue des Fusiliers Marins – BP 30415
67412 Eschau cedex
Tél. : 03 88 59 00 80
Internet : www.cfa-eschau.fr

CFA de la SEPR
46, rue du Professeur Rochaix
69003 Lyon
Tél. : 04 72 83 27 27
Internet : www.sepr.edu

SEP du lycée d'Alembert
22, sente des Dorées
75019 Paris
Tél. : 01 42 08 04 10
Internet : http://lyceedalembert.paris

Établissement régional d'enseignement adapté Jean Monnet
106, boulevard Raymond Poincaré
92380 Garches
Tél. : 01 47 95 65 00
Internet : www.erea-monnet-garches.ac-versailles.fr

CFA Campus des métiers de l'entreprise
91/129, rue Édouard Renard
93013 Bobigny cedex
Tél. : 01 41 83 38 38
Internet : www.campus93.fr

PLUMASSERIE

Lycée professionnel Octave Feuillet
9, rue Octave Feuillet
75016 Paris
Tél. : 01 45 20 41 47
Internet : www.ac-paris.fr/serail/jcms/s2_2077112/fr/le-lycee-octave-feuillet

FLEURS ARTIFICIELLES

Lycée professionnel Octave Feuillet
9, rue Octave Feuillet
75016 Paris
Tél. : 01 45 20 41 47
Internet : www.ac-paris.fr/serail/jcms/s2_2077112/fr/le-lycee-octave-feuillet

FOURRURE

CFA SEPR
46, rue du Professeur Rochaix
69003 Lyon
Tél. : 04 72 83 27 27
Internet : www.sepr.edu

Lycée professionnel Turquetil
18, passage Turquetil
75011 Paris
Tél. : 01 43 70 20 13
Internet : http://lyc-turquetil.scola.ac-paris.fr

MAROQUINERIE

Lycée professionnel Jean-Baptiste Brochier
9, boulevard Mireille Lauze
13010 Marseille
Tél. : 04 91 17 88 30
Internet : www.atrium-paca.fr/web/lp-lyc-metier-jean-baptiste-brochier-130101/accueil

Lycée professionnel Jean Rostand
12, rue Louise Lériget
16017 Angoulême cedex
Tél. : 05 45 97 45 00
Internet : http://lpjeanrostand.fr/lpjr

Lycée professionnel Eugène Guillaume
12, rue du Maréchal de Lattre de Tassigny – BP 30097
21500 Montbard
Tél. : 03 80 92 01 00
Internet : www.lyceedemontbard.fr

Lycée professionnel Porte d'Aquitaine
15, rue Albert Bonneau – BP 53
24800 Thiviers
Tél. : 05 53 55 21 11
Internet : http://lpthiviers.fr

Lycée professionnel Les Huisselets
8, avenue de Lattre de Tassigny – BP 326
25206 Montbéliard cedex
Tél. : 03 81 99 31 00
Internet : www.leshuisselets.com

SEP du lycée du Dauphiné
Boulevard Rémy Roure – BP 1113
26103 Romans-sur-Isère cedex
Tél. : 04 75 02 28 93
Internet : http://dauphine.elycee.rhonealpes.fr

Lycée professionnel Charles Péguy – CFA le Vigean
2, rue du Collège Technique
33320 Eysines
Tél. : 05 56 16 12 05
Internet : www.lycee-charlespeguy.com (lycée) ; www.cfa-levigean.fr (CFA)

FCMB – CFA des Compagnons du devoir et du tour de France
90, boulevard de Villefontaine
38090 Villefontaine
Tél. : 04 72 19 85 10
Internet : https://compagnons-du-devoir.com/la-maison-de-villefontaine

Lycée polyvalent Blaise Pascal
2, rue du Lycée – BP 50228
49502 Segré-en-Anjou-Bleu cedex
Tél. : 02 41 92 18 11
Internet : http://pascal.paysdelaloire.e-lyco.fr

Lycée professionnel Thomas Pesquet
5-7, rue des Courtilles – BP 739
50207 Coutances
Tél. : 02 33 17 09 00
Internet : http://lyceesdesmetiers-coutances.fr

Lycée professionnel Desaix
Le Mas Boutin – BP 19
63700 Saint-Eloy-les-Mines
Tél. : 04 73 85 40 44
Internet : www.lycee-desaix.fr

CFA SEPR
46, rue Professeur Rochaix
69424 Lyon cedex 03
Tél. : 04 72 83 27 27
Internet : www.sepr.edu

Lycée professionnel Danielle Casanova
7, avenue Danielle Casanova
69700 Givors
Tél. : 04 72 24 11 57
Internet : http://danielle-casanova.elycee.rhonealpes.fr

MFR de Nogent le Bernard
6, rue de la Mairie
72110 Nogent-le-Bernard
Tél. : 02 43 29 33 24
Internet : www.mfr-nogentlebernard.fr

CFA des Compagnons du devoir et du tour de France
1, place Saint-Gervais
75004 Paris
Tél. : 01 48 87 38 69
Internet : www.compagnons-du-devoir.com

Lycée professionnel Turquetil
18, passage Turquetil
75011 Paris
Tél. : 01 43 70 20 13
Internet : http://lyc-turquetil.scola.ac-paris.fr

EREA Croce-Spinelli
1, rue Croce-Spinelli
75014 Paris
Tél. : 01 56 54 15 30
Internet : www.ac-paris.fr/serail/jcms/s2_377679/fr/accueil

La Fabrique
6/8, avenue de la Porte de Champerret
75017 Paris
Tél. : 01 55 65 01 88
Internet : www.lafabrique-ecole.fr

Cité scolaire de Mazamet – Lycée professionnel Marie-Antoinette Riess
Rue du Lycée – BP 519
81207 Mazamet cedex
Tél. : 05 63 97 56 56
Internet : https://cite-scolaire-mazamet.mon-ent-occitanie.fr

Lycée professionnel Jean Monnet
51, avenue du Général de Gaulle – BP 69
91260 Juvisy-sur-Orge
Tél. : 01 69 12 44 50
Internet : www.lyc-monnet-juvisy.ac-versailles.fr

Lycée professionnel Bartholdi
12, rue de la Liberté
93200 Saint-Denis
Tél. : 01 49 71 32 00
E-mail : ce.0930138V@ac-creteil.fr

MÉTIERS DE LA MODE, VÊTEMENT FLOU

95 établissements dispensent cette formation en France, nous vous citons ci-dessous ceux présents en Île-de-France, pour la liste complète rendez-vous sur le site Internet de l'Onisep : www.onisep.fr

CFA de l'Institut français de la mode
119, rue Réaumur
75002 Paris
Tél. : 01 42 61 00 77
Internet : www.ifmparis.fr

Lycée professionnel Marie Laurencin
114, quai de Jemmapes
75010 Paris
Tél. : 01 44 52 16 16
Internet : www.ac-paris.fr/serail/jcms/s2_1636651/fr/lycee-marie-laurencin

Lycée professionnel Turquetil
18, passage Turquetil
75011 Paris
Tél. : 01 43 70 20 13
Internet : http://lyc-turquetil.scola.ac-paris.fr

Lycée Adrienne Bolland
62/64, boulevard Devaux – BP 2375
78300 Poissy
Tél. : 01 30 06 38 48
Internet : www.lyc-bolland-poissy.ac-versailles.fr

Lycée professionnel Gustave Eiffel
9, avenue de la République
91300 Massy
Tél. : 01 69 20 09 43
Internet : www.lyc-eiffel-massy.ac-versailles.fr

Lycée Louise Michel
11, boulevard du Midi
92000 Nanterre
Tél. : 01 47 24 00 86
Internet : www.lyc-michel-nanterre.ac-versailles.fr

Lycée professionnel Théodore Monod
187, rue de Brément
93130 Noisy-le-Sec
Tél. : 01 41 83 09 50
Internet : https://lycee-professionnel-theodore-monod.business.site

Lycée professionnel Bartholdi
12, rue de la Liberté
93200 Saint-Denis
Tél. : 01 49 71 32 00
E-mail : ce.0930138V@ac-creteil.fr

Établissement régional d'enseignement adapté François Cavanna
3, avenue de Joinville
94130 Nogent-sur-Marne
Tél. : 01 48 73 41 21
Internet : www.erea-nogent.ac-creteil.fr

Lycée professionnel Camille Claudel
4, rue des Carrières
94407 Vitry-sur-Seine cedex
Tél. : 01 47 18 16 60
Internet : https://lyceecamilleclaudel-vitry.fr

Établissement régional d'enseignement adapté Françoise Dolto
106, rue Alphonse et Louis Roussel
95260 Beaumont-sur-Oise
Tél. : 01 39 37 42 60
Internet : www.erea-dolto-beaumont.ac-versailles.fr

Lycée professionnel Ferdinand Buisson
245, rue Ferdinand Buisson
95120 Ermont
Tél. : 01 34 15 70 61
Internet : www.lyc-buisson-ermont.ac-versailles.fr

MÉTIERS DE LA MODE, VÊTEMENT TAILLEUR

Lycée professionnel Saint-Louis
538, chemin de la Madrague-Ville
13005 Marseille
Tél. : 04 91 65 88 20
Internet : www.lyceepro-stlouis.fr

Lycée professionnel Victor Hugo
442, avenue Victor Hugo – BP 2130
26000 Valence
Tél. : 04 75 41 90 40
Internet : https://victor-hugo.ent.auvergnerhonealpes.fr

Lycée professionnel Toulouse Lautrec
115, rue Joseph Abria
33000 Bordeaux
Tél. : 05 57 81 62 62
Internet : www.lautrecbordeaux.com

CFA de la Chambre de métiers et de l'artisanat Pyrénées-Atlantiques
25, boulevard d'Aritxague
64100 Bayonne
Tél. : 05 59 55 12 02
Internet : www.cma64.fr

CFA de la SEPR
46, rue du Professeur Rochaix
69003 Lyon
Tél. : 04 72 83 27 27
Internet : www.sepr.edu

CFA de l'Institut français de la mode
119, rue Réaumur
75002 Paris
Tél. : 01 42 61 00 77
Internet : www.ifmparis.fr

Institut national de jeunes sourds
254, rue Saint-Jacques
75005 Paris
Tél. : 01 53 73 14 00
Internet : www.injs-paris.fr

SEP du lycée privé Albert de Mun
2, rue d'Olivet
75007 Paris
Tél. : 01 43 06 33 09
Internet : www.albertdemun.eu

Lycée professionnel Marie Laurencin
114, quai de Jemmapes
75010 Paris
Tél. : 01 44 52 16 16
Internet : www.ac-paris.fr/serail/jcms/s2_1636651/fr/lycee-marie-laurencin

Lycée des métiers Flora Tristan
12, rue du 8 Mai 1945
77130 Montereau-Fault-Yonne
Tél. : 01 64 32 50 62
Internet : www.lyceefloratristan77.com

Lycée professionnel Vincent de Paul
1, rue Chiron
84000 Avignon
Tél. : 04 90 27 23 90
Internet : www.vincentdepaul84.com/lycee

Lycée polyvalent Léopold Elfort
Terre Rouge, RD 8 – Savane Sarcelles
97360 Mana
Tél. : 05 94 27 80 43
Internet : https://lpo-leopold-elfort.eta.ac-guyane.fr

MÉTIERS DE LA MODE, CHAPELIER MODISTE

Lycée professionnel Thomas Pesquet
5-7, rue des Courtilles – BP 739
50207 Coutances
Tél. : 02 33 17 09 00
Internet : http://lyceesdesmetiers-coutances.fr

Lycée professionnel Camille Claudel
15, rue de Cuire
69004 Lyon
Tél. : 04 72 10 60 50
Internet : https://camille-claudel.ent.auvergnerhonealpes.fr

CFA de la SEPR
46, rue du Professeur Rochaix
69003 Lyon
Tél. : 04 72 83 27 27
Internet : www.sepr.edu

CFA de l'Institut français de la mode
119, rue Réaumur
75002 Paris
Tél. : 01 42 61 00 77
Internet : www.ifmparis.fr

Lycée professionnel Octave Feuillet
9, rue Octave Feuillet
75016 Paris
Tél. : 01 45 20 41 47
Internet : www.ac-paris.fr/serail/jcms/s2_2074418/fr/lycee-professionnel-octave-feuillet

Lycée professionnel La Source
54, avenue de la Source
94130 Nogent-sur-Marne
Tél. : 01 48 73 22 98
Internet : http://lasource-nogent.fr

VÊTEMENT DE PEAU

Lycée professionnel Jean Rostand
12, rue Louise Lériget
16017 Angoulême cedex
Tél. : 05 45 97 45 00
Internet : http://lpjeanrostand.fr/lpjr

CFA de la SEPR
46, rue du Professeur Rochaix
69003 Lyon
Tél. : 04 72 83 27 27
Internet : www.sepr.edu

Lycée professionnel Turquetil
18, passage Turquetil
75011 Paris
Tél. : 01 43 70 20 13
Internet : www.ac-paris.fr/serail/jcms/s1_1466684/fr/lycee-turquetil

Les bacs pro

MÉTIERS DE LA MODE – VÊTEMENTS

157 établissements proposent ce bac pro en France, nous vous communiquons ci-dessous ceux situés en Île-de-France, pour une liste complète, rendez-vous sur le site de l'Onisep : www.onisep.fr

SEP du lycée privé Albert de Mun
2, rue d'Olivet
75007 Paris
Tél. : 01 43 06 33 09
Internet : www.albertdemun.eu

Lycée professionnel Marie Laurencin
114, quai de Jemmapes
75010 Paris
Tél. : 01 44 52 16 16
Internet : www.ac-paris.fr/serail/jcms/s2_1636651/fr/lycee-marie-laurencin

Lycée professionnel Turquetil
18, passage Turquetil
75011 Paris
Tél. : 01 43 70 20 13
Internet : www.ac-paris.fr/serail/jcms/s1_1466684/fr/lycee-turquetil

Lycée Paul Poiret
19, rue Taillandiers
75011 Paris
Tél. : 01 55 28 82 00
Internet : www.lycee-paul-poiret.org

Lycée polyvalent Élisa Lemonnier
20, avenue Armand Rousseau
75012 Paris
Tél. : 01 43 45 82 21
Internet : www.elisa-lemonnier.fr

Lycée professionnel Octave Feuillet
9, rue Octave Feuillet
75016 Paris
Tél. : 01 45 20 41 47
Internet : www.ac-paris.fr/serail/jcms/s2_2074418/fr/lycee-professionnel-octave-feuillet

Lycée professionnel Pierre de Coubertin
Chaussée de Paris
77100 Meaux
Tél. : 01 64 34 57 27
Internet : http://lyceecoubertin-meaux.fr

Lycée des métiers Flora Tristan
12, rue du 8 Mai 1945
77130 Montereau-Fault-Yonne
Tél. : 01 64 32 50 62
Internet : www.lyceefloratristan77.com

Lycée Adrienne Bolland
62/64, boulevard Devaux – BP 2375
78300 Poissy
Tél. : 01 30 06 38 48
Internet : www.lyc-bolland-poissy.ac-versailles.fr

Lycée des métiers Jean Monnet
51, avenue du Général de Gaulle – BP 69
91260 Juvisy-sur-Orge
Tél. : 01 69 12 44 50
Internet : www.lyc-monnet-juvisy.ac-versailles.fr

Lycée professionnel Gustave Eiffel
9, avenue de la République
91300 Massy
Tél. : 01 69 20 09 43
Internet : www.lyc-eiffel-massy.ac-versailles.fr

Lycée Louise Michel
11, boulevard du Midi
92000 Nanterre
Tél. : 01 47 24 00 86
Internet : www.lyc-michel-nanterre.ac-versailles.fr

Établissement régional d'enseignement adapté Jean Monnet
106, boulevard Raymond Poincaré
92380 Garches
Tél. : 01 47 95 65 00
Internet : www.erea-monnet-garches.ac-versailles.fr

Lycée professionnel Théodore Monod
187, rue de Brément
93130 Noisy-le-Sec
Tél. : 01 41 83 09 50
Internet : https://lycee-professionnel-theodore-monod.business.site

Lycée Madeleine Vionnet
1, rue Jules Guesde
93140 Bondy
Tél. : 01 55 89 09 90
Internet : www.lycee-vionnet.fr

Lycée professionnel Bartholdi
12, rue de la Liberté
93200 Saint-Denis
Tél. : 01 49 71 32 00

Lycée polyvalent d'Alembert
7, rue du Commandant l'Herminier
93300 Aubervilliers
Tél. : 01 48 33 15 43

Lycée professionnel La Source
54, avenue de la Source
94130 Nogent-sur-Marne
Tél. : 01 48 73 22 98
Internet : http://lasource-nogent.fr

Lycée professionnel Camille Claudel
4, rue des Carrières
94407 Vitry-sur-Seine cedex
Tél. : 01 47 18 16 60
Internet : https://lyceecamilleclaudel-vitry.fr

SEP du lycée polyvalent Marx Dormoy
500, rue du Professeur Milliez
94500 Champigny-sur-Marne
Tél. : 01 45 16 69 00
Internet : http://lycee-marxdormoy-creteil.fr

Lycée professionnel Ferdinand Buisson
245, rue Ferdinand Buisson
95120 Ermont
Tél. : 01 34 15 70 61
Internet : www.lyc-buisson-ermont.ac-versailles.fr

MÉTIERS DU CUIR OPTION CHAUSSURES

SEP du lycée du Dauphiné
38, boulevard Rémy-Roure – BP 1113
26103 Romans-sur-Isère cedex
Tél. : 04 75 02 28 93
Internet : https://dauphine.ent.auvergnerhonealpes.fr

SEP du lycée d'Alembert
22, sente des Dorées
75019 Paris
Tél. : 01 42 08 04 10
Internet : http://lyceedalembert.paris

PILOTE DE LIGNE DE PRODUCTION

81 établissements proposent ce bac pro en France, nous vous communiquons ci-dessous ceux situés en Auvergne-Rhône-Alpes (l'une des régions de France les plus importantes pour l'industrie textile). Pour une liste complète, rendez-vous sur le site de l'Onisep : www.onisep.fr

SEP du lycée Vaucanson
27, rue Anatole France
38030 Grenoble cedex
Tél. : 04 76 96 55 18
Internet : https://lycee-vaucanson-grenoble.web.ac-grenoble.fr

Lycée Élie Cartan
2, rue Justin Vernet – BP 212
38110 La Tour-du-Pin cedex
Tél. : 04 74 97 31 55
Internet : https://elie-cartan.ent.auvergnerhonealpes.fr

CFAI du Dauphiné
83, rue de Chatagnon, Centr'Alp – BP 120
38430 Moirans
Tél. : 04 76 35 85 00
Internet : www.formation-industries-isere.fr

Lycée professionnel privé Les Prairies
31, rue Mainssieux
38500 Voiron
Tél. : 04 76 05 11 33
Internet : www.lycee-les-prairies.com

Lycée professionnel Jacob Holtzer
5, rue Michelet – BP 170
42700 Firminy cedex
Tél. : 04 77 10 17 30
Internet : https://jacob-holtzer.ent.auvergnerhonealpes.fr

Hall32
32, rue du Clos Four
63000 Clermont-Ferrand
Tél. : 04 15 81 00 30
Internet : www.hall32.fr

Lycée professionnel Desaix
Le Mas Boutin – BP 19
63700 Saint-Éloy-les-Mines
Tél. : 04 73 85 40 44
Internet : www.lycee-desaix.fr

CFAI d'Auvergne
7, rue du Bois-Joli
63800 Cournon-d'Auvergne
Tél. : 04 73 69 41 11
Internet : www.pole-formation-auvergne.com

Lycée professionnel Diderot
41, cours du Général Giraud
69004 Lyon
Tél. : 04 37 40 87 37
Internet : https://martiniere-diderot.ent.auvergnerhonealpes.fr

Lycée professionnel Frédéric Faÿs
46, rue Frédéric Faÿs – BP 4076
69615 Villeurbanne cedex
Tél. : 04 72 91 39 50
Internet : https://lyc-frederic-fays.ent.auvergnerhonealpes.fr

SEP du Lycée René Perrin
41, rue René Perrin
73400 Ugine
Tél. : 04 79 37 30 55
Internet : https://rene-perrin.ent.auvergnerhonealpes.fr/

Le bac techno STD2A

107 établissements dispensent cette formation, vous trouverez ci-dessous les établissements situés en Île-de-France, pour une liste complète, rendez-vous sur le site de l'Onisep : www.onisep.fr

Lycée Maximilien Vox
5, rue Madame
75006 Paris
Tél. : 01 45 49 78 78
Internet : www.lyceemaximilienvox.com

Lycée privé Sainte-Geneviève
64, rue d'Assas
75006 Paris
Tél. : 01 44 39 01 00
Internet : www.saintegenevieve6.org

Lycée privé Albert de Mun
2, rue d'Olivet
75007 Paris
Tél. : 01 43 06 33 09
Internet : www.albertdemun.eu

Lycée Hattemer
52, rue de Londres
75008 Paris
Tél. : 04 13 87 59 14
Internet : www.hattemer.fr

Cours Clapeyron
64 bis, rue Taitbout
75009 Paris
Tél. : 01 45 22 45 00
Internet : www.lycee-prive-clapeyron.paris

Lycée ESAA – École Boulle
9, rue Pierre-Bourdan
75571 Paris cedex 12
Tél. : 01 44 67 69 67
Internet : www.ecole-boulle.org

Cours Socrate
22, rue du Sergent Bauchat
75012 Paris
Tél. : 01 46 28 80 20
Internet : www.lycee-prive-socrate.paris

Lycée technologique d'arts appliqués Auguste Renoir
24, rue Ganneron
75018 Paris
Tél. : 01 40 08 45 60
Internet : www.ltaa-augusterenoir-paris.com/renoirV4

Lycée Le Gué à Tresmes
Le Gué à Tresmes – BP 03
77440 Congis-sur-Thérouanne
Tél. : 01 64 35 52 56
Internet : http://gueatres.cluster014.ovh.net

Lycée André Malraux
Avenue du Lycée
77130 Montereau-Fault-Yonne
Tél. : 01 64 70 71 71
Internet : www.lycee-andre-malraux.org

Lycée Blanche de Castille
1, avenue de la Bretèche
78150 Le Chesnay
Tél. : 01 39 23 14 30
Internet : www.blanche-de-castille.fr

Lycée Le Corbusier
88, rue de Villiers
78300 Poissy cedex
Tél. : 01 39 65 13 55
Internet : www.lyc-lecorbusier-poissy.ac-versailles.fr

Lycée Georges Brassens
8, rue Georges Brassens
91080 Courcouronnes
Tél. : 01 69 47 54 70
Internet : www.lyc-brassens-courcouronnes.ac-versailles.fr

Lycée polyvalent privé Saint-Martin
36, avenue du 8 Mai 1945
91120 Palaiseau
Tél. : 01 69 31 51 00
Internet : www.institution-saintmartin.fr

Lycée Jean-Pierre Vernant
21, rue du Docteur Ledermann
92310 Sèvres
Tél. : 01 46 26 60 10
Internet : www.lyceevernant.fr

Lycée polyvalent privé Assomption
12, avenue de Verdun
93140 Bondy
Tél. : 01 48 49 51 74
Internet : www.assomption-bondy.org

Lycée Eugénie Cotton
58, avenue Faidherbe
93100 Montreuil
Tél. : 01 48 58 79 97
Internet : http://lyceecotton.net/joom3/index.php/fr

EBTP – Lycée Claude Nicolas Ledoux
18, rue de Belfort
94307 Vincennes cedex
Tél. : 01 48 08 11 21
Internet : http://ledoux-ebtp.com

Lycée François Mansart
25, avenue de la Banque – BP 99
94210 Saint-Maur-des-Fossés
Tél. : 01 48 83 48 80
Internet : www.lyceemansart.fr

Lycée Adolphe Cherioux
195, rue Julian Grimau – BP 210
94408 Vitry-sur-Seine
Tél. : 01 45 12 87 87
Internet : http://lycee-cherioux.fr

Lycée Camille Claudel
4, avenue Federico Garcia Lorca
95490 Vauréal
Tél. : 01 34 21 18 93
Internet : www.lyc-claudel-vaureal.ac-versailles.fr

Le BMA broderie

Lycée professionnel Gilles Jamain
2, boulevard Édouard Pouzet – BP 309
17312 Rochefort cedex
Tél. : 05 46 99 06 68
Internet : www.lyc-jamain.ac-poitiers.fr

Lycée professionnel Paul Lapie
6, avenue du Docteur Paul Kahn – BP 50217
54300 Lunéville cedex
Tél. : 03 83 76 43 43
Internet : http://lycee-paul-lapie.com

Lycée professionnel Octave Feuillet
9, rue Octave Feuillet
75016 Paris
Tél. : 01 45 20 41 47
Internet : www.ac-paris.fr/serail/jcms/s2_2074418/fr/lycee-professionnel-octave-feuillet

Lycée polyvalent Jules Verne
2, rue de la Constituante – CS 80238
78500 Sartrouville
Tél. : 01 61 04 13 00
Internet : www.lyc-verne-sartrouville.ac-versailles.fr

Les BTS

MÉTIERS DE LA MODE-VÊTEMENTS

Lycée Édouard Herriot
Rue La Maladière, Sainte-Savine – BP 90248
10300 Sainte-Savine cedex
Tél. : 03 25 72 15 50
Internet : http://lycee-edouard-herriot.com

Lycée professionnel Jean-Baptiste Brochier
9, boulevard Mireille Lauze
13010 Marseille
Tél. : 04 91 17 88 30
Internet : www.atrium-paca.fr/web/lp-lyc-metier-jean-baptiste-brochier-130101/accueil

Lycée professionnel Jean Mermoz
1, rue Georges Fauvel – BP 40143
14504 Vire Normandie cedex
Tél. : 02 31 68 10 22
Internet : https://lp-mermoz-vire.etab.ac-caen.fr

Lycée Jacques Cœur
108, rue Jean Baffier – BP 2056
18000 Bourges
Tél. : 02 48 67 83 00
Internet : http://lycee-jacques-coeur.fr

Lycée Le Castel
22, rue Daubenton
21000 Dijon
Tél. : 03 80 76 70 00
Internet : www.lyc-lecastel.fr

Lycée Jules Lesven
34, rue Jules Lesven – BP 72507
29225 Brest cedex 02
Tél. : 02 98 43 56 00
Internet : www.lycee-jules-lesven.org

Lycée Ernest Hemingway
98, boulevard Jean Jaurès – BP 7034
30910 Nîmes cedex 2
Tél. : 04 66 04 93 73
Internet : www.lyc-hemingway-nimes.ac-montpellier.fr

Lycée technologique privé Myriam
9 et 20, rue Mage
31000 Toulouse
Tél. : 05 61 14 71 47
Internet : www.myriam31.com

Lycée professionnel Gabriel Péri
30, rue Gabriel Péri – BP 11316
31013 Toulouse cedex 06
Tél. : 05 62 73 77 10
Internet : https://gabriel-peri.mon-ent-occitanie.fr

Lycée Vaclav Havel
5, avenue Danielle Mitterrand – BP 154
33130 Bègles
Tél. : 05 57 30 49 00
Internet : www.lyceevaclavhavel.fr

Lycée André Argouges
61, rue Léon Jouhaux
38029 Grenoble cedex 02
Tél. : 04 76 44 48 05
Internet : https://argouges.ent.auvergnerhonealpes.fr

CREATECH – Technopôle Diderot
1, rue Charbillot
42300 Roanne
Tél. : 04 77 23 63 98
Internet : www.createch-formation.fr

Lycée polyvalent la Baugerie
38, boulevard des Pas Enchantés – CS 23209
44230 Saint-Sébastien-sur-Loire cedex
Tél. : 02 40 80 66 95
Internet : www.lyceebaugerie.fr

Lycée polyvalent Fernand Renaudeau
20, rue Carteron – BP 2124
49321 Cholet
Tél. : 02 41 71 00 53
Internet : www.lycee-mode.fr

Lycée Alexis de Tocqueville
34, avenue Henri Poincaré – BP 308
50100 Cherbourg-Octeville
Tél. : 02 33 88 35 00
Internet : www.lycee-tocqueville.fr

Lycée Sévigné
151, rue de la Malcense – BP 80506
59208 Tourcoing cedex
Tél. : 03 20 25 31 43
Internet : http://sevigne-tg.etab.ac-lille.fr

Lycée Jules Uhry
10, rue Aristide Briand – BP 112
60107 Creil
Tél. : 03 44 64 75 44
Internet : http://uhry.lyc.ac-amiens.fr

Lycée professionnel Marie Laurencin
1, avenue Jean Monnet – BP 80041
63201 Riom cedex
Tél. : 04 73 64 69 60
Internet : https://marie-laurencin-riom.ent.auvergnerhonealpes.fr

Lycée Jean Rostand
5, rue Edmond Labbé
67000 Strasbourg
Tél. : 03 88 14 43 50
Internet : www.lycee-jean-rostand.fr

Lycée La Martinière – Diderot
41, cours du Général Giraud
69004 Lyon
Tél. : 04 37 40 87 37
Internet : https://martiniere-diderot.ent.auvergnerhonealpes.fr

CFA SEPR
46, rue du Professeur Rochaix
69003 Lyon
Tél. : 04 72 83 27 27
Internet : www.sepr.edu

SEP du lycée privé Albert de Mun
2, rue d'Olivet
75007 Paris
Tél. : 01 43 06 33 09
Internet : www.albertdemun.eu

Lycée polyvalent Élisa Lemonnier
20, avenue Armand Rousseau
75012 Paris
Tél. : 01 43 45 82 21
Internet : www.elisa-lemonnier.fr

EPMC La Ruche
14, rue Lally Tollendal
75019 Paris
Tél. : 01 42 08 84 83
Internet : www.ecole-creation-la-ruche.fr

Lycée Élisa Lemonnier
59, boulevard Charles de Gaulle – BP 53
76141 Le Petit-Quevilly cedex
Tél. : 02 32 66 85 40
Internet : http://lemonnier-lyc.spip.ac-rouen.fr

Lycée Édouard Branly
70, boulevard de Saint-Quentin – CS 69003
80094 Amiens cedex 03
Tél. : 03 22 53 49 60
Internet : www.lycee-branly.fr

Lycée professionnel René Char
2 rue Pierre-Auguste Renoir – BP 696
84033 Avignon cedex
Tél. : 04 90 88 04 04
Internet : www.lyc-char.ac-aix-marseille.fr/spip

Lycée professionnel Le Dolmen
71, rue du Dolmen
86036 Poitiers cedex
Tél. : 05 49 44 04 62
Internet : www.lycee-dolmen.com

Lycée des métiers arts et techniques – Le Mas Jambost
7, allée du Maréchal Fayolle
87065 Limoges cedex
Tél. : 05 55 01 41 17
Internet : www.lyc-lemasjambost-limoges.ac-limoges.fr

Lycée des métiers de la conception, de l'automatique et de l'énergie Pierre Mendès-France
2, rue du Haut des Étages
88021 Épinal cedex
Tél. : 03 29 81 21 81
Internet : https://lyc-mendes-france-epinal.monbureaunumerique.fr

Lycée Louise Michel
11, boulevard du Midi
92000 Nanterre
Tél. : 01 47 24 00 86
Internet : www.lyc-michel-nanterre.ac-versailles.fr

Lycée Madeleine Vionnet
1, rue Jules Guesde
93140 Bondy
Tél. : 01 55 89 09 90
Internet : www.lycee-vionnet.fr

INNOVATION TEXTILE

Lycée La Martinière – Diderot
41, cours du Général Giraud
69004 Lyon
Tél. : 04 37 40 87 37
Internet : https://martiniere-diderot.ent.auvergnerhonealpes.fr
Options structures et traitements.

TECHNICO-COMMERCIAL

Nous vous conseillons de vous rendre sur le site www.onisep.fr pour connaître l'établissement le plus proche de chez vous proposant cette filière, ci-dessous sont listés uniquement les établissements proposant une spécialité « habillement et ameublement » et ceux proposant une spécialité « produits mode et sport ».

Lycée polyvalent du Dauphiné
Boulevard Rémy Roure – BP 1113
26103 Romans-sur-Isère cedex
Tél. : 04 75 02 28 93
Internet : https://dauphine.ent.auvergnerhonealpes.fr
Spécialité habillement et ameublement

Lycée technologique privé Myriam
9 et 20, rue Mage
31000 Toulouse
Tél. : 05 61 14 71 47
Internet : www.myriam31.com
Spécialité produits mode et sport.

ESIMODE – École supérieure internationale de la mode
54, rue du Pech
31100 Toulouse
Tél. : 05 62 71 65 40
Internet : www.esimode.fr
Spécialité produits mode et sport.

Lycée Jean Guehenno
11, rue du Champ Rossignol – BP 60521
35300 Fougères
Tél. : 02 99 99 22 87
Internet : www.citescolairejeanguehenno-fougeres.ac-rennes.fr
Spécialité habillement et ameublement.

Lycée Alexis de Tocqueville
34, avenue Henri Poincaré – BP 308
50100 Cherbourg-Octeville
Tél. : 02 33 88 35 00
Internet : www.lycee-tocqueville.fr
Spécialité habillement et ameublement.

Lycée Jules Uhry
10, rue Aristide Briand – BP 112
60107 Creil cedex
Tél. : 03 44 64 75 44
Internet : http://uhry.lyc.ac-amiens.fr
Spécialité produits mode et sport.

Lycée professionnel Marie Laurencin
1, avenue Jean Monnet – BP 80041
63201 Riom cedex
Tél. : 04 73 64 69 60
Internet : https://marie-laurencin-riom.ent.auvergnerhonealpes.fr
Spécialité habillement et ameublement.

Lycée polyvalent Élisa Lemonnier
20, avenue Armand-Rousseau
75012 Paris
Tél. : 01 43 45 82 21
Internet : www.elisa-lemonnier.fr
Spécialité produits mode et sport.

SEP du lycée privé Albert de Mun
2, rue d'Olivet
75007 Paris
Tél. : 01 43 06 33 09
Internet : www.albertdemun.eu
Spécialité produits mode et sport.

Lycée polyvalent Jean Hinglo
2, rue des Sans-Soucis – BP 2021
97825 Le Port cedex
Tél. : 02 62 71 19 00
Internet : http://lycee-jhinglo.ac-reunion.fr
Spécialité habillement et ameublement.

Les DN MADE

MENTION MODE

Lycée professionnel Les Côteaux
4 & 6, chemin Morgon
06400 Cannes
Tél. : 04 89 89 81 00
Internet : www.ac-nice.fr/coteaux

Lycée Denis Diderot
23, boulevard Laveran
13388 Marseille cedex 13
Tél. : 04 91 10 07 00
Internet : www.lyc-diderot.ac-aix-marseille.fr/spip

Lycée polyvalent privé de la communication Saint-Géraud
23, rue du Collège
15013 Aurillac cedex
Tél. : 04 71 48 28 18
Internet : www.lycee-stgeraud.com

Lycée Ernest Hemingway
98, avenue Jean Jaurès – BP 7034
30910 Nîmes cedex
Tél. : 04 66 04 93 73
Internet : https://lyc-hemingway-nimes.ac-montpellier.fr

Lycée Choiseul
78, rue des Douets – BP 9549
37095 Tours cedex
Tél. : 02 47 88 10 30
Internet : http://lyceechoiseul.fr

Lycée polyvalent André-Argouges
61, rue Léon-Jouhaux
38029 Grenoble cedex 02
Tél. : 04 76 44 48 05
Internet : http://argouges.ent.auvergnerhonealpes.fr

Lycée polyvalent Fernand-Renaudeau
20, rue Carteron – BP 2124
49321 Cholet cedex
Tél. : 02 41 71 00 53
Internet : www.lycee-mode.fr

Lycée Sévigné
151, rue de la Malcense – BP 80506
59208 Tourcoing cedex
Tél. : 03 20 25 31 43
Internet : http://sevigne-tg.etab.ac-lille.fr

Lycée privé ORT
14, rue Sellénick
67083 Strasbourg cedex
Tél. : 03 88 76 74 76
Internet : www.strasbourg.ort.asso.fr

Lycée La Martinière Diderot – Site Terreaux
18, place Gabriel Rambaud
69283 Lyon cedex 01
Tél. : 04 37 40 87 37
Internet : https://martiniere-diderot.ent.auvergnerhonealpes.fr

École supérieure des arts appliqués Duperré
11, rue Dupetit-Thouars
75003 Paris
Tél. : 01 42 78 59 09
Internet : https://duperre.org

Lycée général et technologique Ambroise Vollard
3, avenue de Soweto, Terre-Sainte – BP 399
97448 Saint-Pierre cedex
Tél. : 02 62 96 23 50
Internet : http://lycee-ambroise-vollard.ac-reunion.fr

MENTION MATÉRIAUX

Lycée polyvalent Jean-Monnet
39, place Jules-Ferry – BP 5
03401 Yzeure cedex
Tél. : 04 70 46 93 01
Internet : www.lycee-jeanmonnet-yzeure.fr

Lycée Léonard de Vinci
214, rue Jean-Joannon – BP 739
06633 Antibes cedex
Tél. : 04 92 91 30 20
Internet : www.leonarddevinci.net

Lycée professionnel Gilles-Jamain
2, boulevard Édouard-Pouzet – BP 309
17312 Rochefort cedex
Tél. : 05 46 99 06 68
Internet : www.lyc-jamain.ac-poitiers.fr

Lycée Raymond-Loewy
Place de Filderstadt – BP 26
23300 La Souterraine
Tél. : 05 55 89 40 00
Internet : www.cite-loewy.org

Lycée et section d'enseignement professionnel Vauban
Rue de Kerichen – BP 62506
29225 Brest cedex 02
Tél. : 02 98 80 88 00
Internet : www.lycee-vauban-brest.ac-rennes.fr

École supérieure des arts appliqués et du textile
539, avenue des Nations-Unies
59100 Roubaix
Tél. : 03 20 24 27 77
Internet : www.esaat-roubaix.com

Lycée Cantau
1, allée de Cantau
64600 Anglet
Tél. : 05 59 58 06 06
Internet : www.lycee-cantau.net

Lycée polyvalent Le Corbusier
15, rue Lixenbuhl – BP 10133
67404 Illkirch-Graffenstaden cedex
Tél. : 03 88 66 87 66
Internet : www.lyceelecorbusier.eu

École supérieure d'arts appliqués – La Martinière-Diderot
18, place Gabriel-Rambaud
69283 Lyon cedex 01
Tél. : 04 37 40 87 37
Internet : www.lamartinierediderot.fr

École supérieure des arts appliqués Duperré
11, rue Dupetit-Thouars
75003 Paris
Tél. : 01 42 78 59 09
Internet : https://duperre.org

Lycée Lucas-de-Nehou
19, rue Friant
75014 Paris
Tél. : 01 55 76 55 60
Internet : http://lyc-lucas-de-nehou.scola.ac-paris.fr

École nationale supérieure des arts appliqués et des métiers d'art
63-65, rue Olivier-de-Serres
75015 Paris
Tél. : 01 53 68 16 90
Internet : http://ensaama.net/site

Lycée Jean-Pierre-Vernant
21, rue du Docteur-Ledermann
92310 Sèvres
Tél. : 01 46 26 60 10
Internet : www.lyc-vernant-sevres.ac-versailles.fr

Lycée professionnel La Source
54, avenue de la Source
94130 Nogent-sur-Marne
Tél. : 01 48 73 22 98
Internet : http://lasource-nogent.fr

MENTION SPECTACLE

Lycée professionnel Les Côteaux
4 & 6, chemin Morgon
06400 Cannes
Tél. : 04 89 89 81 00
Internet : www.ac-nice.fr/coteaux

Lycée professionnel Blaise Pascal
49, traverse Capron
13012 Marseille
Tél. : 04 91 18 03 40
Internet : www.lyc-pascal.ac-aix-marseille.fr

Lycée Pasteur
4, rue du Lycée
25043 Besançon cedex
Tél. : 03 81 81 22 89
Internet : www.lyc-pasteur.ac-besancon.fr

Lycée professionnel Gabriel Péri
30, rue Gabriel Péri – BP 11316
31013 Toulouse cedex 06
Tél. : 05 62 73 77 10
Internet : https://gabriel-peri.mon-ent-occitanie.fr

Lycée privé Pasteur Mont-Roland
9, avenue Rockefeller – BP 24
39107 Dole cedex
Tél. : 03 84 79 66 00
Internet : http://pasteurmontroland.com

Lycée Gabriel-Guist'hau
3, rue du Boccage – BP 34201
44042 Nantes cedex 01
Tél. : 02 51 84 82 20
Internet : https://guisthau.paysdelaloire.e-lyco.fr

Lycée technologique Claude Daunot
10, boulevard Clemenceau – CS 35234
54052 Nancy cedex
Tél. :03 83 55 11 56
Internet : www.daunot.fr

Lycée La Martinière Diderot – Site Terreaux
18, place Gabriel Rambaud
69283 Lyon cedex 01
Tél. : 04 37 40 87 37
Internet : www.lamartinierediderot.fr

Lycée polyvalent Édouard Branly
25, rue de Tourvielle
69322 Lyon cedex 05
Tél. : 04 72 16 70 00
Internet : www.lyceebranly.com

Lycée Paul Poiret
19, rue des Taillandiers
75011 Paris
Tél. : 01 55 28 82 00
Internet : www.lycee-paul-poiret.org

École nationale supérieure des arts appliqués et des métiers d'art
63-65, rue Olivier de Serres
75015 Paris
Tél. : 01 53 68 16 90
Internet : http://ensaama.net/site

Lycée polyvalent Jules Verne
2, rue de la Constituante – CS 80238
78500 Sartrouville
Tél. : 01 61 04 13 00
Internet : www.lyc-verne-sartrouville.ac-versailles.fr

Lycée professionnel la Source
54, avenue de la Source
94130 Nogent-sur-Marne
Tél. : 01 48 73 22 98
Internet : http://lasource-nogent.fr

Les universités dispensant une formation en art

Université Aix-Marseille
Internet : www.univ-amu.fr

Université Bordeaux Montaigne
Internet : www.u-bordeaux-montaigne.fr

Université de La Rochelle
Internet : www.univ-larochelle.fr

Université de Lille
Internet : www.univ-lille.fr

Université Lumière Lyon II
Internet : www.univ-lyon2.fr/www-accueil-466919.kjsp

Université de Paris Est-Marne-la-Vallée
Internet : www.u-pem.fr

Université de Lorraine
Internet : www.univ-lorraine.fr

Université Paul Valéry Montpellier III
Internet : www.univ-montp3.fr

Université de Nice Sophia-Antipolis
Internet : http://unice.fr

Université Paris I Panthéon Sorbonne
Internet : www.pantheonsorbonne.fr

Université Paris VIII Vincennes Saint-Denis
Internet : www.univ-paris8.fr

Université de Picardie Jules Verne
Internet : www.u-picardie.fr

Université Rennes II
Internet : www.univ-rennes2.fr

Université Jean Monnet Saint-Étienne
Internet : www.univ-st-etienne.fr/fr/index.html

Université de Strasbourg
Internet : www.unistra.fr/index.php?id=accueil&utm_source=unistra_fr&utm_medium=unistra_fr_homepage

Université de Toulouse Jean Jaurès
Internet : www.univ-tlse2.fr

Université François Rabelais de Tours
Internet : www.univ-tours.fr

Université Polytechnique Hauts-de-France
Internet : www.uphf.fr

Les grandes écoles publiques

ENSAD (École nationale supérieure des arts décoratifs)
31, rue d'Ulm
75240 Paris cedex 05
Tél. : 01 42 34 97 00
Internet : www.ensad.fr

ENSCI (École nationale supérieure de création industrielle)
Les Ateliers
48, rue Saint-Sabin
75011 Paris
Tél. : 01 49 23 12 12
Internet : www.ensci.com

ESAA (École supérieure des arts appliqués) Duperré
11, rue Dupetit-Thouars
75003 Paris
Tél. : 01 42 78 59 09
Internet : http://duperre.org

La Fabrique – École des métiers de la mode et de la décoration
8, avenue de la Porte de Champerret
75017 Paris
Tél. : 01 55 65 01 89
Internet : www.lafabrique-ecole.fr

Les grandes écoles privées

Atelier Chardon Savard Paris
15, rue Gambey
75011 Paris
Tél. : 01 43 14 02 22
Internet : www.atelier-chardon-savard.com

Atelier Chardon Savard Nantes
31-33, rue Saint-Léonard
44000 Nantes
Tél. : 02 51 89 40 65
Internet : www.atelier-chardon-savard.com

Créapôle
128, rue de Rivoli
75001 Paris
Tél. : 01 44 88 20 20
Internet : www.creapole.fr

École Conte
Grande Arche – 1, parvis de la Défense
92044 Paris-La Défense
Tél. : 01 43 07 04 13
Internet : www.ecole-conte.com

École de Condé Paris Design
7-9, rue Cambronne
75015 Paris
Tél. : 01 53 86 00 22
Internet : https://ecoles-conde.com

École de Condé Bordeaux
59, rue de la Benauge
33100 Bordeaux
Tél. : 05 57 54 02 00
Internet : https://ecoles-conde.com

École de Condé Lyon
23, rue Camille Roy
69007 Lyon
Tél. : 04 78 42 92 39
Internet : https://ecoles-conde.com

École de Condé Nancy
64, rue Marquette
54000 Nancy
Tél. : 03 83 98 29 44
Internet : https://ecoles-conde.com

École de Condé Nice
4, rue Biscarra
06000 Nice
Tél. : 04 93 20 60 41
Internet : https://ecoles-conde.com

École de Condé Marseille
9, rue Fauchier
13002 Marseille
Tél. : 04 96 19 09 10
Internet : https://ecoles-conde.com

École de Condé Toulouse
18, avenue Raymond-Badiou
31000 Toulouse
Tél. : 05 61 16 53 87
Internet : https://ecoles-conde.com

Institut français de la mode
• Site Réaumur
119, rue Réaumur
75002 Paris
Tél. : 01 42 61 00 77

• Site Austerlitz
36, quai d'Austerlitz
75013 Paris
Tél. : 01 70 38 89 89

• Internet : www.ifmparis.fr

ESIMODE (École supérieure internationale de la mode)
54, rue du Pech
31100 Toulouse
Tél. : 05 62 71 65 40
Internet : www.esimode.fr

ESMOD Paris
12, rue La Rochefoucauld
75009 Paris
Tél. : 01 44 83 81 50
Internet : www.esmod.com

ESMOD Bordeaux
11/15, cours Édouard Vaillant
33300 Bordeaux
Tél. : 05 56 51 34 93
Internet : www.esmod.com

ESMOD ISEM Lyon
12 bis, rue Burdeau
69001 Lyon
Tél. : 04 78 24 88 39
Internet : www.esmod.com

ESMOD Rennes
6, rue du Louis d'Or
35000 Rennes
Tél. : 02 99 30 00 98
Internet : www.esmod.com

ESMOD Roubaix
27, boulevard du Général Leclerc
59100 Roubaix
Tél. : 03 20 73 38 04
Internet : www.esmod.com

FORMAMOD (Institut de formation professionnelle des arts de la mode)
15/27, rue Moussorgski
75018 Paris
Tél. : 01 43 67 16 17
Internet : www.formamod.com

IBSM (Institut bordelais de stylisme modélisme)
11, place des Quinconces
33000 Bordeaux
Tél. : 05 56 79 28 79
Internet : www.ibsm-mode.com

IICC (Institut international de création et de coupe)
2, boulevard de la Libération
13001 Marseille
Tél. : 04 91 47 21 22
Internet : www.iiccmode.com

Institut Colbert – Conservatoire national des arts et métiers
Boulevard Pierre Lecoq – BP 207
49302 Cholet
Tél. : 02 41 66 05 26
Internet : www.cnam-paysdelaloire.fr/institut-colbert-878321.kjsp

Sup de Luxe
1, rue Bougainville
75007 Paris
Tél. : 01 78 42 89 92
Internet : www.supdeluxe.com

ISTA (Institut supérieur de textile d'Alsace)
21, rue Alfred Werner – BP 72536
68058 Mulhouse cedex 2
Tél. : 03 89 60 84 90
Internet : www.ista-bs.fr

LISAA (Institut supérieur des arts appliqués) Paris
• Section Mode
13, rue Vauquelin
75005 Paris
Tél. : 01 47 07 17 07

• Section Design graphique
62, boulevard Arago
75013 Paris
Tél. : 01 85 73 23 40

• Section Architecture intérieure et design
73, rue Pascal
75013 Paris
Tél. : 01 45 43 02 02

• Section Animation et jeux vidéo
7, rue Armand Moisant
75015 Paris
Tél. 01 71 39 88 00.

• Internet : www.lisaa.com

LISAA Nantes
13, rue Baron
44000 Nantes
Tél. : 02 40 20 30 50
Internet : www.lisaa.com

LISAA Rennes
13, rue Poullain Duparc
35000 Rennes
Tél. : 02 99 79 23 79
Internet : www.lisaa.com

LISAA Strasbourg
1 A, rue Thiergarten
67000 Strasbourg
Tél. : 03 88 22 44 22
Internet : www.lisaa.com

LISAA Bordeaux
Campus Bassins à Flot
20, quai Lawton – CS 50100
33070 Bordeaux cedex
Tél. : 05 56 12 40 58
Internet : www.lisaa.com

LISAA Toulouse
Campus Enova, 505, rue Jean Rostand
31670 Labège
Tél. : 05 61 39 77 20
Internet : www.lisaa.com

Mod'Art International
35, quai André-Citroën
75015 Paris
Tél. : 01 58 39 36 60
Internet : https://modart-paris.com

Mod'Spé (Institut supérieur de marketing de la mode)
9, rue Bleue
75009 Paris
Tél. : 01 48 24 23 80
Internet : www.modspeparis.com

Mode'ESTAH
32, rue de Paradis
75010 Paris
Tél. : 01 53 24 64 34
Internet : www.mode-estah.com

PAA (Paris American Academy)
275, rue Saint-Jacques
75005 Paris
Tél. : 01 44 41 99 20
Internet : www.parisamericanacademy.fr

Studio Berçot
29, rue des Petites Écuries
75010 Paris
Tél. : 01 42 46 15 55
Internet : www.studio-bercot.com

La formation continue

Lycée Paul Poiret des métiers de la mode et du spectacle
19, rue des Taillandiers
75011 Paris
Tél. : 01 55 28 82 00
Internet : www.lycee-paul-poiret.org

Greta de la création, du design et des métiers d'art
21, rue de Sambre-et-Meuse
75010 Paris
Tél. : 01 44 08 87 77
Internet : www.cdma.greta.fr

Afpa
Tour Cityscope – 3, rue Franklin
93100 Montreuil
Internet : www.afpa.fr

2 – LES ORGANISMES PROFESSIONNELS

Bijouterie, joaillerie, orfèvrerie

Fédération nationale artisanale des métiers d'art de création du bijou et de l'horlogerie
22, avenue Franklin Roosevelt
75008 Paris
Tél. : 01 53 77 29 00
Internet : www.fnamac.com

Union de la bijouterie-horlogerie
22, avenue Franklin Roosevelt
75008 Paris
Tél. : 01 44 70 77 97
Internet : www.u-b-h.com

Union française de la bijouterie, de la joaillerie, de l'orfèvrerie, des pierres et des perles
58, rue du Louvre
75002 Paris
Tél. : 01 40 26 98 00
Internet : http://union-bjop.com

Broderie, dentelle, guipure

Fédération française des dentelles et broderies
24, rue de Clichy
75009 Paris
Tél. : 01 42 80 63 23
Internet : www.ffdb.net

Cordonnerie

Fédération française de la cordonnerie multiservice
21, rue Jean Poulmarch
75010 Paris
Tél. : 01 42 08 47 50
Internet : www.cordonnerie.org

Lingerie

Fédération de la maille, de la lingerie et du balnéaire
37-39, rue de Neuilly
92110 Clichy
Tel. : 01 49 68 33 50
Internet : www.la-federation.com

Couture

Fédération de la haute couture et de la mode
100-102, rue du Faubourg-Saint-Honoré
75008 Paris
Tél. : 01 42 66 64 44
Internet : https://fhcm.paris/fr

Union nationale artisanale de la couture et des activités connexes
1 bis, rue du Havre
75008 Paris
Tél. : 01 84 83 03 53
Internet : http://cnams.fr/node/34/fr/couture-1.html

Fourrure

Fédération française des métiers de la fourrure
16, rue des Blancs Manteaux
75004 Paris
Tél. : 06 17 66 23 54
Internet : www.lafourrurefrancaise.com

Maroquinerie

Syndicat général des cuirs et peaux
105, rue du Faubourg-Saint-Honoré
75008 Paris
Tél. : 01 43 59 89 43
Internet : www.cuirsetpeaux.org/fr

Métiers d'art

Les Grands ateliers de France
45, rue Boissy d'Anglas
75008 Paris
Tél. : 01 44 78 95 98
Internet : www.grandsateliersdefrance.com

Fondation Ateliers d'art de France
8, rue Chaptal
75009 Paris
Tél. : 01 44 01 08 30
Internet : www.fondationateliersdart.org

Institut national des métiers d'art
Viaduc des Arts
23, avenue Daumesnil
75012 Paris
Tél. : 01 55 78 85 85
Internet : www.institut-metiersdart.org

Photographie

Fédération française de la photographie et des métiers de l'image
24, rue Louis Blanc
75010 Paris
Tél. : 01 84 16 47 47
Internet : www.gnpp.com

Syndicat général des maîtres artisans et artisans de la photographie
7, rue du Morvan
75011 Paris
Tél. : 06 08 72 26 45
Internet : www.sgmaap.com

Tailleurs

Association formation tailleur
64, rue Rouget de L'Isle
92150 Suresnes
Tél. : 09 83 57 33 58

Tannerie, mégisserie

Fédération française de la tannerie-mégisserie
122, rue de Provence
75008 Paris
Internet : http://leatherfrance.com

Textiles, habillement

Fédération nationale de l'habillement
9, rue des Petits Hôtels
75010 Paris
Tél. : 01 42 02 17 69
Internet : www.federation-habillement.fr

Union des industries textiles
37-39, rue de Neuilly – BP 121
92110 Clichy
Tél. : 01 47 56 31 00
Internet : www.textile.fr

3 – LES PUBLICATIONS

Boutique2Mode
Le Florentin, 1178 – RN 98
06700 Saint-Laurent-du-Var
Tél. : 04 92 12 58 93
Internet : www.boutique2mode.com

ELLE
149, rue Anatole France
92534 Levallois-Perret
Tél. : 01 41 34 99 00
Internet : www.elle.fr

Fashion Daily News
Internet : http://fashion-dailynews.fr

Journal du textile
61, rue de Malte
75541 Paris
Tél. : 01 43 57 21 89
Internet : www.journaldutextile.com

L'Officiel
Internet : www.lofficiel.com

Vogue Paris
3, avenue Hoche
75008 Paris
Tél. : 01 53 43 60 00
Internet : www.vogue.fr